Karsten Massei

WEISHEITSGÖTTIN
SOPHIA

INHALT

I
· · · WEGE · · ·

II
· · · SOPHIAS WESEN · · ·

III
· · · DIE SCHULE · · ·

I

· · · WEGE · · ·

Zeugnisse von der Gegenwart und Wirksamkeit der Sophiawesenheit gibt es zahlreiche. Zu allen Zeiten und in allen Kulturen hat ihr schöpferisches, weisheitsvolles Wesen Spuren hinterlassen. Immer hat es Menschen gegeben, die ihr nahestanden und Formen gefunden haben, ihren Erlebnissen mit Sophia Ausdruck zu verleihen. Schauungen Sophias sind in Bild und Schrift festgehalten worden, über sie ist philosophiert worden, sie war Anlass theologischer Dispute, und bis heute richten Menschen ihre Gebete an sie, hoffend auf Rat und Milderung ihrer Leiden. Das weist auf einen geistigen Strom hin, der die Menschheitsgeschichte seit Jahrtausenden durchzieht. Es gibt Sammlungen, in denen die auffindbaren Zeugnisse über Sophia Platz gefunden haben. Dieses Buch baut auf diesen Zeugnissen auf, geht ihnen aber nicht nach. Im Vordergrund stehen vielmehr Fragen nach der Aktualität Sophias. Wir fragen nach der gegenwärtigen Präsenz und Wirkung Sophias und nach den inneren Wegen, die zu einem Verständnis Sophias und einer Begegnung mit ihrem Wesen führen. Primär tasten wir nach Sophia in unserer Zeit.

Der Zugang, der hier gepflegt wird, ist die unmittelbare Erfahrung. Diesem liegt die Überzeugung zugrunde, dass es unbedingt individuelle Wege sind, die zu Sophia führen. Erfahrungen mit Sophia lehren, dass sie in einer engen Verbindung zum Wesen der menschlichen Individualität steht. Deshalb gleicht kein Weg zu ihr einem anderen. Man wird sich darin üben müssen, seinem zu vertrauen, wenn man dem Wesen Sophias näherkommen möchte. Auf diesem Vertrauen beruhen die Begegnungen mit Sophia. An diesem Nadelöhr ist in unserer heutigen Zeit kein Vorbeikommen.

Das wirkt sich auf die Weise der Darstellung in diesem Buch aus. Zwar bauen die Kapitel aufeinander auf, sodass man das Buch von vorne nach hinten durchlesen kann. Man wird aber bemerken, dass daneben noch ein anderer Umgang mit den Inhalten stattfindet, nämlich ein intuitiver. Man kann durchaus damit rechnen, dass man von den Stellen, die für einen wichtig sind, gefunden wird. Das kann recht unwillkürlich vonstattengehen. Sätze oder Abschnitte fallen beim Aufschlagen oder Blättern unversehens ins Auge. Menschen, die das Manuskript gelesen haben, haben das bestätigt. Oft sind es einzelne Sätze, die sich tief und dauerhaft einprägen.

*

Dieses Buch ist für die Praxis der Meditation geschrieben. Bestimmte Sätze der Meditation zu überlassen heißt, auf dasjenige seine Aufmerksamkeit zu richten, was zwischen den Zeilen liegt. Damit geht man der geheimen Schrift nach, die sich hinter aller Buchstabenschrift verbirgt. Nach wie vor kann diese Schrift *hinter* der Schrift mit der Methode der Meditation gelesen werden. Diese Methode auf dieses Buch anzuwenden wird den Lesenden erst in die Lage versetzen, *sein Buch* zu finden. Denn mitnichten liest er das Buch, das der Autor geschrieben hat! Das Buch des Autors zu lesen hat ja noch niemand geschafft, denn es ist unmöglich. Jenes Buch ist die Hülle desjenigen, das der Lesende als sein eigenes in ihm findet. Das eigene Buch liegt in dem Wesensgrund des geschriebenen. Auf dieses Buch weise ich an diesem Ort hin, weil an ihm in Bezug auf das Verhältnis zwischen Sophia und der menschlichen Seele bedeutende Geheimnisse offenbar werden. Sich dem eigenen im fremden Buch zu widmen ist eine Geste, zu der immer wieder zurückzukehren sich lohnt, wenn es um Sophia geht. Letztendlich hat das mit der Einzigartigkeit jedes Menschen und seinem eigenen Weg mit Sophia zu tun.

Das Buch besteht aus drei Teilen. Der mittlere ist in einem gewissen Sinn das Herzstück, denn in ihm werden neun Wesensaspekte Sophias beschrieben. Der erste Teil zeigt Wege der Annäherung an Sophia. Im dritten sind darüber hinausgehende Ausführungen zu den Seelenkräften der Verwandlung, zur Vereinigung der Menschenseele mit Sophia und zu Sophias Wiederkehr versammelt. Bilder und Sprüche bilden den Abschluss.

*

An dieser Stelle möchte ich eine wichtige Bemerkung einfügen. Die Worte Sophias, die im Text verstreut sind, die Bilder im vorletzten und die Sprüche im letzten Kapitel können Anlass zu Missverständnissen werden. Missverständnisse entstünden, wenn man die Worte und Bilder und Sprüche für unmittelbare Wahrnehmungen geistiger Vorgänge halten würde – sie sind aber Übersetzungen derselben. Mit ihnen ist der Versuch unternommen, demjenigen einen Ausdruck zu verleihen, was die Seele als Unaussprechbares und Unsichtbares aus der geistigen Welt empfangen kann. Indem man sie nur wortwörtlich, also für wahr nimmt, erliegt man ihrem Schein. Erst wenn man sich von ihrer vordergründigen Bedeutung löst und auf meditative und intuitive Weise in ihr verborgenes Leben eintaucht, geben sie Hinweise auf dasjenige, was durch sie gesagt werden möchte. Sie sind allemal Zeichen, die sich offenbaren, wenn man sich als Lesender, Schauender und Hörender übt, der sich von dem Schein, den sie darstellen, nicht begrenzen lassen möchte. Insofern sind sie wertvolle Helfer, im eigenen Buch zu lesen.

*

Hier findet bevorzugt die weibliche Form für die Sophienwesenheit Verwendung. Das ist einerseits der Tradition, andererseits dem allgemeinen Sprachgebrauch geschuldet. Im Grunde steht Sophia jenseits von allem Geschlechtlichen. Ihre Wandlungsimpulse verfolgen gerade die Versöhnung und die Überwindung der Polaritäten, somit auch des Geschlechtlichen. Von Sophia als von einer weiblichen Göttin zu reden bedeutet deshalb, einen Aspekt ihres Wesens besonders hervorzuheben. Nun widmet sich dieses Buch ausgesprochen dem vieldimensionalen Wesen Sophias. Die weibliche Form wird ihr eben nur teilweise gerecht. Ich bitte die Lesenden deshalb darum, auszugleichen, was von der Sprache, als einem Wesen der polaren Welt, in seiner Vollständigkeit nicht dargestellt werden kann.

· · · DAS WAGNIS · · ·

Bewogen haben mich zu diesem Buch innere Erlebnisse. Diese Erlebnisse sind Begegnungen mit der Wesenheit der Sophia. Sie halten bis zum heutigen Tag an, haben allerdings vielfältige Wandlungen erfahren. Mittels Zeichnungen, Sprüchen und Texten habe ich diese Erlebnisse festzuhalten versucht. In diesem Buch möchte ich davon einen Überblick geben und die Wesenheit Sophias, wie sie sich mir zeigt, darstellen. Zudem werde ich zahlreiche Meditationen vorstellen, die dazu beitragen können, mit Sophia vertraut zu werden.

Seinen Anfang nahm dieses Buch, als eine Wesenheit in meinen Meditationen erschien, von der ich lange nicht wusste, wer sie war. Mit der Zeit gab sie sich als Sophia zu erkennen. Zuerst traute ich meinen Wahrnehmungen nicht. Ich bemühte Literatur zu diesem Thema und sprach mich mit anderen Menschen über die Erfahrungen aus. Unterdessen verstärkten sich die inneren Bilder und Botschaften, die ich erhielt. Ich schrieb nieder, was ich erfuhr. Vieles waren Zwiegespräche. Denn Sophia antwortete auf meine Fragen, auch auf jene, die unerkannt in mir lebten. Von diesen Gesprächen lerne ich bis heute.

Mit diesem Buch leihe ich Sophia eine Stimme. Ich tue es, indem ich so treu, wie es mir möglich ist, berichte. Die geistige Welt spricht naturgemäß durch den Menschen zum Menschen. Sie spricht durch eine Person, die Person bleibt, aber doch Überpersönliches mitteilt. Zwischen beiden gilt es die Mitte zu halten. Ich hoffe, dass mir das weitgehend gelungen ist.

*

Sophia taucht an einem Punkt der Entwicklung auf, der alles andere als zufällig ist. Ihr Erscheinen stimmt zusammen mit der Entwicklung des einzelnen Menschen und mit der Entwicklung der Menschheit.

Ihr Erscheinen hat Grund. Beliebigkeit ist darin nicht. Vorgestellt hat sich Sophia mir stets mit einem Namen, den ich erst allmählich begriffen habe. Sie sprach davon, unser kosmisches Schwesterwesen zu sein, das uns aus geistigen Welten an die Seite gestellt ist. Sophia begleitet die Menschheit schon lange. Sie begleitet aber auch den einzelnen Menschen schon lange. Der Menschheit gehört sie an, und der individuelle Mensch gehört ihr an. Schwester ist sie beiden. Sophia spricht davon, dass es ihr nur möglich ist, ihre Aufgaben zusammen mit den Menschen zu erfüllen. Der Mensch nimmt im Weltganzen eine entscheidende Rolle ein. Sophia weist darauf hin, dass wir ihrem Wesen gegenüber keine unterwürfige Haltung einnehmen müssen. Unsere Aufgaben und Fähigkeiten zu unterschätzen besteht kein Anlass. Darum geht es, dass wir lernen, mit den Wesenheiten der geistigen Welt zusammenzuarbeiten. Es geht darum, die Stellung zu verstehen, die uns inmitten der Schöpfung zusteht. Sophia möchte uns dabei begleiten.

*

Man hat doch den Eindruck, die Menschheit steht an einem Punkt, wo sie nie hinwollte. Sie hat die Kontrolle über ihre eigenen Erfindungen und Errungenschaften längst verloren. Die Menschheit hat noch keine wirksamen Mittel gefunden, das Werk der Zerstörung, das sie selber in Gang gesetzt hat, zu stoppen. Das 19. und 20. Jahrhundert tragen das Signum eines Verlustes, den sich die Menschheit kaum einzugestehen wagt, nämlich den Verlust der Macht über die Kräfte, die sie selbst entfesselt hat. Ideen, wie sie sich von dem, was sie der Erde und sich selbst aufgebürdet hat, befreien kann, fehlen in der öffentlichen Diskussion weitgehend. Stattdessen träumt sie den Albtraum ihrer eigenen Maß- und Hoffnungslosigkeit weiter.

Für die spirituelle Sichtweise ist es klar, dass der Mensch dasjenige, was er der Erde antut, sich selber antut. Er hat sich der

Erde entfremdet, er hat sich aber auch von sich selbst entfremdet. Er kennt sich, seinen Ursprung, sein Wesen so wenig, wie er den Ursprung und das Wesen der Tiere, Pflanzen und der Erde kennt, einfach aus dem Grund, weil er nicht wagt oder nicht gewohnt ist, in die Tiefen zu schauen. Und diese Tiefen befinden sich jenseits alles Sinnlichen.

Heilen lässt sich die heutige Situation nur, wenn sich genügend Menschen finden, die das Wagnis eingehen, in die Tiefe der Dinge, Wesen und Ereignisse zu schauen. Lösung kann nur eine Wende des Bewusstseins sein. Die Erde, der Mensch, Tiere und Pflanzen, die Landschaften sind mehr, viel mehr als ihre materielle Erscheinung. Wesenstiefen sind in ihnen, zu denen das Bewusstsein Zugang hat, wenn sich der Mensch an seine Verwandtschaft, seine Geschwisterschaft mit ihnen erinnert. Auch jene Wesenheiten der übersinnlichen Welten, die während seines Erdenlebens von seinen Sinnen nicht wahrgenommen werden können, gehören zu seinen Geschwistern. Es ist Sophia, die unseren Blick auf die neuen, keimenden Seelenfähigkeiten und -begabungen lenkt, die uns erlauben, diese Geschwisterschaft einzugehen.

· · · EIN WEG UNTER · · · UNZÄHLIGEN ANDEREN

In den vergangenen 20 Jahren habe ich viele Erfahrungen in den sichtbaren und unsichtbaren Welten sammeln können. Besonders liegen mir die Pflanzen und Tiere am Herzen. Zu den heilenden Kräften der Pflanzen habe ich ausgiebige geistige Forschungen betrieben, genauso zum Wesen der Bienen und anderer Tiere. Fragen nach der Bedeutung der Pflanzen und Tiere für die Erde und ihren Zusammenhang mit dem Menschen haben mich nie losgelassen. Große Aufmerksamkeit schenke ich der Lebenssphäre der Erde und den Wesen der elementaren Welt, die diese Sphäre bilden. Sie sind meine Lehrmeister, aber sie sind auch Grund zur Sorge, denn sie befinden sich in Not. Sie tragen an der Not der Erde und somit an derjenigen der Menschen. So praktisch wie nur möglich beschäftigt mich die Frage, wie die Elementarwesen und somit die Gesundheit der Erde von Menschenseite zu unterstützen sind. Es ist ein ganz eigenes Forschungsfeld geworden, nach Methoden zu suchen und sie anzuwenden, mit denen wir die offensichtlich geschwächte Lebenssphäre der Erde unterstützen können. Aus dieser umfassenden Forschungsarbeit sind eine Reihe von Büchern und zahlreiche Seminare hervorgegangen. In ihnen geht es darum, Zugänge zu den unsichtbaren Wesenswelten zu eröffnen. Dass wir als Menschen von diesen Welten getrennt sind, ist wahr, aber nicht der Weisheit letzter Schluss. Wir sind mit diesen Welten auch eins und vereint. Nur verbirgt sich dieser Aspekt unseres Wesens vor uns. Wir nehmen unser Einssein mit der Erde und dem Kosmos nicht selbstverständlich wahr. Wir können uns aber auf dieses Einssein zubewegen, unser Bewusstsein schärfen und die nötige Aufmerksamkeit entwickeln, die Schleier fortzuwischen, die uns unser Einssein mit der Erde verbergen.

Meine Erfahrungen mit der Sophiawesenheit haben mich zu der Überzeugung geführt, dass es so viele Wege zu Sophia gibt wie Menschen. Niemals kann es einen oder nur wenige geben, es gibt unzählige. Ausdrücklich möchte ich betonen, dass der hier dargestellte nur als Beispiel verstanden werden kann. Individuelle Erfahrungen führen zu Sophia. Diese können für andere Menschen nur Beispiele sein. Die Wege anderer Menschen sollen nicht von dem eigenen ablenken. Dementsprechend sollen die Schilderungen in diesem Buch nicht einengen, sie sind mit dem Wunsch verfasst, zu erweitern.

*

Nicht verschweigen möchte ich, dass die Geschichte dieses Buches eng mit meiner verwoben ist. Im Herbst 2022 war das Manuskript im Grunde abgeschlossen. Es fehlte nur noch wenig, die letzten Kapitel – dachte ich. Dann trat ein, was mein bisheriges Leben durcheinanderbrachte und verwandelte. Ich hatte vollständig unerwartet einen schweren Herzinfarkt. Daran schloss sich ein mehrwöchiger Krankenhausaufenthalt an. Die Gesundung vollzog sich schleppend und mit vielen Rückfällen. Mehrmals musste ich reanimiert werden. Nachdem ich Weihnachten wieder nach Hause kam, hatte ich nach drei Wochen wieder einen Rückfall, mein Herz setzte aus und meine Frau holte mich ins Leben zurück. Nach einer erneuten schweren Krise im Krankenhaus fand das Ärzteteam den Grund meines Leidens und entschloss sich zu einer Operation. Sie verlief erfolgreich. Nachdem ich nun wieder zu Hause war und mich langsam erholte, konnte ich recht bald damit beginnen, das Buch zu vollenden. Es stellte sich aber heraus, dass das nicht möglich war. Ich konnte nach den einschneidenden Erfahrungen, die mich mehrmals an die Schwelle des Todes geführt haben, das Buch in dieser Form nicht veröffentlichen. Also begann ich es ganz neu zu schreiben. Das nahm vier Monate in Anspruch. Es war für mich eine wunderbare Arbeit. Ich kann sagen, dass sie mich neben vielem anderen gesund hat werden lassen.

Dieses Buch, das so langsam mit vielen Umwegen wuchs, möchte ich als eine Einführung in die geistige Schule Sophias verstanden wissen. Ich habe erfahren, dass Sophia die Seele, die sich ihr anvertraut, unterweist, indem sie ihr Wege zeigt, die sie alleine nie gefunden hätte. Bilder über Bilder lässt sie der aufmerksamen Seele, die sich unterweisen lassen möchte, zukommen. Man kann Sophia regelrecht um solche Bilder bitten. Wir werden darüber in den folgenden Kapiteln noch Genaueres hören.

Mein Schicksal hat mich gelehrt, dass ich ihm nur gerecht werde, wenn ich mich ihm überlasse. Das ist nicht mit Trägheit gleichzusetzen oder Schicksalsergebenheit. Sich dem Schicksal überlassen ist höchste Aktivität. Denn das heißt, es auch dann anzunehmen, wenn es sich gegen einen zu stellen scheint. Die Krankheit, die mich überraschte, hat mich in Situationen gebracht, die ich mir niemals auch nur hätte vorstellen können. Doch wo das Schicksal bestimmt, verbirgt sich Wesentliches. Es ist ein Fehler, die Augen vor diesem Wesentlichen zu verschließen. Ich habe gelernt, dass das Schicksal größer, viel größer ist als ich selbst. Sophia nennt das: sich dem Leben anvertrauen.

*

Ich möchte darauf hinweisen, dass man den Wesen der elementaren Welt aus diesem Buch vorlesen kann. Obwohl es unter ihnen viele hochstehende, weisheitsvolle und wissende Wesenheiten gibt, ist es für sie ein besonderes und kraftspendendes Ereignis, wenn sie von einem Menschen spirituelle Inhalte vorgelesen bekommen und aufnehmen können. Von einem Menschen ausgesprochen, klingen diese Inhalte auf eine Weise, die bei ihnen einen tiefen Eindruck hinterlässt. So oder so schauen sie auf den Menschen mit hoher Achtung. Sie schätzen seine seelischen und geistigen Kräfte.

Ist ihnen erlaubt, spirituellen Inhalten zu lauschen, versetzt sie das in eine besondere Feierstimmung. Das Gelesene bleibt für sie, also an dem Ort, an dem gelesen wird, unvergesslich.

Auf den Wunsch der Wesen der elementaren Welt hin habe ich ihnen das ganze Manuskript des Buches, bevor es gedruckt wurde, vorgelesen. Damit habe ich meinen Tribut entrichtet und die Arbeit und Mühen, die sie die Mithilfe an dem Buch gekostet hat, ausgeglichen.

Wenn man aufmerksam ist, lässt sich erleben, welche Wirkung das Vorlesen von spirituellen Inhalten unter den Wesen der elementaren Welt hinterlässt. Dadurch geht ein großes Aufatmen durch ihre Welt. Sie fühlen sich an Zeiten erinnert, in denen es üblich war, dass Menschen mit ihnen verkehrten wie mit Bekannten und Freunden. Sie fühlen sich dem Menschenwesen wieder nahe. Der Schmerz, den sie darüber empfinden, dass sich der Mensch von ihnen abgewandt hat, wird durch das Vorlesen gelindert. Sie fassen wieder Hoffnung.

· · · SICH FOLGEN · · ·

Ich bin überzeugt, dass es nicht nötig ist, den spirituellen Wegen anderer Menschen zu folgen. Tue ich es, folge ich einem fremden Licht. Dieser Schatten legt sich über mich, indem er mein Licht verdunkelt. Das eigene Licht zu opfern, um sich ein anderes zu eigen zu machen, kann nur schädlich sein. Dienlicher ist, die Essenz der unterschiedlichen spirituellen Wege, die andere Menschen gegangen sind, zu erfassen. Damit möchte ich verstehen, worauf diese Wege beruhen. Ich möchte erkennen, welche Wirkungen von der Essenz ausgehen. Ich betrachte sie als Beispiele und nehme sie als Anregung. Sie nachzuahmen kann nur misslingen. Denn wir verlieren unsere eigene Spur. Das Licht, das unserem eigenen Weg vorangeht, ist oft nur zart. Wie soll es gegen ein anderes, das Erwartungen und Versprechungen weckt und stimmige Gedankensysteme anbietet, bestehen können? In dem anderen Glanz vergeht mein eigenes Licht. Ich nähre ein anderes anstatt meines. Den eigenen Weg zugunsten eines anderen aufzugeben, ist unklug und Grund vieler sozialer Schwierigkeiten. Indem wir fremde Wege gehen, weisen wir unser eigenes Ziel zurück. Tatsächlich sind wir der Verführung, andere Wege gegen den eigenen zu tauschen, immer wieder ausgesetzt. Von Vorbildern, Idolen und bedeutenden Menschen geht eine magische Kraft aus, von der wir uns nicht vereinnahmen lassen dürfen. Denn ihre Zeit läuft ab. Sich von ihnen inspirieren zu lassen ist das eine. Ihnen nachzustreben ist etwas anderes. Es sorgt letztendlich für mehr Verwerfungen, Verwundungen und Traumatisierungen, als es Probleme löst und Heilkräfte erweckt.

*

Ich kann mich darauf verlassen, dass meine Seele weisheitsvoll genug ist, um mich meinen eigenen Weg finden zu lassen. Über die besagte Essenz, die ich bei anderen suche, verfüge ich selbst. Das sind Sätze, die uns nicht leicht über die Lippen gehen. Man muss sich an sie gewöhnen. Beginnt man sich mit ihnen anzufreunden, entwickeln sie ungewohnte Kräfte. Man kann einen nächsten Satz anhängen, der lautet: Ich bin vollkommen. Er ist genauso gewöhnungsbedürftig. Ihm ist auch eine besondere Kraft eigen. Es ist eine klare und lichtvolle Kraft, die sich in ihm ausspricht. Man fühlt, dass sich mit jedem dieser Sätze ein bestimmtes geistiges Feld um die eigene Seele legt, sogar um den eigenen Körper. Einen dieser Sätze still vor sich hersagen und sich ihm hingeben, ruft konkrete und wahrnehmbare geistige Kräfte hervor. Das zeigt, dass Sätze und Gedanken seelische Wirklichkeiten sind.

Gedanken formen uns. Gedanken sind Seelenbildner. Alles andere als unbedeutend ist, welchen Gedanken ich hingegeben bin. Mit ihnen bewusster umzugehen, und sei es tastend und anfänglich, bedeutet, die Verantwortung wahrzunehmen, die man sich gegenüber hat. Bestimmte Gedanken zurückzuweisen ist sinnvoll, wenn diese uns schwächen. Andere aktiv hervorzurufen wirkt stärkend und gesundend. Mit der Zeit entwickelt man ein sicheres Empfinden für die krank machenden und gesundenden Wirkungen von Gedanken. Ist man dieser Sache einmal auf die Spur gekommen, wird man mit seinem Gedankenleben bewusster umgehen wollen. Man wählt zwischen solchen Gedanken, die man zurückweist, und solchen, denen man sich hingeben möchte, weil die einen schwächen und von den anderen stärkende Wirkungen ausgehen.

Die weisheitsvolle Seele gedanklich vorauszusetzen eröffnet den Weg, sie zu entdecken. Indem ich mit ihrer Existenz rechne, werde ich Möglichkeiten finden, mich mit ihr vertraut zu machen. Es sind stille Wege, die ich gehe, um dem eigenen Seelenwesen gegenüber rückhaltlose Hingabe zu entwickeln. Nur so wird es sich zeigen können. Ich bin es, der ihm dazu die Gelegenheit gibt. Erst das Lauschen voller Aufmerksamkeit und Hingabe macht für die verborgenen Welten der Seele, für ihr weisheitsvolles Licht und Wirken empfänglich.

Indem ich die Wirkungen der vorangegangenen Gedanken verfolge und mir damit Kenntnisse von dem Wesen des eigenen Seelengrundes verschaffe, praktiziere ich Meditationen, die mich davor bewahren, den spirituellen Weg anderer Menschen meinem eigenen vorzuziehen. Unterstützung werde ich natürlich annehmen, aber ohne das Bedürfnis, mich von denjenigen, die sie anbieten, abhängig machen zu wollen. Ich sage das hier, weil ich immer wieder erfahren habe, dass Sophia unser ureigener Weg der Entwicklung am Herzen liegt. Sie hat mich immer wieder aufgefordert, andere nur als Beispiele gelten zu lassen. Abhängigkeiten sind unbedingt aufzudecken und abzulegen. Sophia weist darauf hin, wie schwächend Abhängigkeiten sind, die man gegenüber anderen Menschen eingeht. Damit legen sich Schatten auf die Seele, die schlimme Folgen haben können. Das eigene Licht ist nicht nur weisheitsvoll, es ist auch gesundend und heilsam. Auf seine Kräfte kann man zählen.

· · · EIN BLICK · · · FÄLLT AUF SOPHIA

Es war ein über Monate dauernder Prozess, der mir die Sophienwesenheit näherbrachte. Ich möchte hier einiges davon schildern. Ich möchte diese Schilderungen, wie schon gesagt, als ein Beispiel verstanden wissen. Am Anfang fühlte ich Sophias Nähe, ohne zu wissen, wer sie war. Ihre Gegenwart verstand ich zuerst nicht zu deuten. Ich war überrascht und irritiert. Die geistige Gestalt, die ich wahrnahm, war von einer unfasslichen Erhabenheit. Ich erlebte sie aber wie hinter Schleiern. Was ich schaute, waren Gesten, die von ihr ausgingen. Ich fühlte Stimmungen, die unzweifelhaft von ihr stammten und mich ergriffen. Eher empfand ich ihr Wesen als dass ich es schaute. Vor allem überraschte mich die Selbstverständlichkeit, mit der sie in Erscheinung trat. Als wären wir gute Freunde. Es stand nichts zwischen uns, außer die Vorbehalte, Unsicherheiten und Zweifel meinerseits. Mit der Zeit begriff ich, dass sie um mich warb. Es mag paradox erscheinen, dass eine hochstehende Geistwesenheit das tut, aber sie warb um meine Aufmerksamkeit. Ich brauchte nur zur Ruhe zu kommen, die Augen zu schließen und mich der anderen, der geistigen Welt zuzuwenden – da war sie. Besonders erstaunte mich, als sie zu mir zu sprechen begann. Ich vernahm sie. Sie sprach davon, dass sie mir innere Bilder schicken würde. Ich sollte mich mit ihnen befassen. Sie wollte mich unterweisen und in ihre geistige Schule aufnehmen.

Wenn Zweifel aufstiegen, ob das, was ich erlebte, überhaupt real war, ob ich mich nicht täuschen würde und Verführungen und Einflüssen unterlag, die mich fehlleiten wollten, machte Sophia mir klar, worin ihre Aufgabe in Bezug auf den Menschen und seine Entwicklung bestand. Sie sprach davon, dass es in der jetzigen Zeit ihre Aufgabe sei, sich den Menschen zu erkennen zu geben. Das sei notwendig. Die Entwicklung des Menschen bedürfe ihrer Einmischung. Sie habe sich so mit der Erde und mit der Menschheit verbunden, dass sie keine Wahl habe, als vor die Menschen hinzutreten. Sie strebt danach, vom Menschen bewusst geschaut und erkannt zu werden. Natürlich versucht sie es bei jenen Menschen, die Bereitschaft zeigten, sie wahrzunehmen. Ich, sagte sie, sei nur einer von vielen, mit denen sie Umgang habe.

Ich gebe zu, dass meine Zweifel noch einige Zeit anhielten. Ich setzte meine Forschungen aber fort. Dazu gehörte, dass ich in der Meditation regelmäßig Sophias Nähe suchte. Meine Erlebnisse hielt ich in Zeichnungen und Texten fest. Neben den erwähnten inneren Bildern gehörte zu Sophias Unterweisungen, dass sie mich auf Reisen in der geistigen Welt mitnahm. Dazu trug sie mich in ihrer Wesenssphäre zu bestimmten Regionen der geistigen Welt. Daneben erhielt ich von ihr Sprüche und Botschaften. Diese Botschaften sind in den Text des Buches eingestreut; die Sprüche sind im letzten Kapitel gesammelt.

*

Mit der Zeit begriff ich, dass sich Sophia längst mit dem Menschen vereint hat. Ich erlebte, dass ihre Sphäre zur Seelensphäre des Menschen geworden ist. Das Tor zu Sophia ist offen. Kein Riegel muss aufgestoßen, kein Schlüssel gebraucht werden. Ich war überrascht, dass nichts den Eintritt in ihre Wesenssphäre hindert, außer meine Zurückhaltung, vielleicht meine Scham oder mein mangelndes Vertrauen. Ihr Licht erleuchtet unsere Seelen, ob wir wollen oder nicht. Dem Blick, der sie sucht, wird Sophia offenbar.

Vieles von dem, was man über Sophia weiß, viele Vorstellungen, Gedanken und Bilder darf man getrost fahren lassen. Von ihnen geht die Gefahr aus, das Bewusstsein zu stark zu binden. Sie verschleiern Sophia. Immer wieder erfuhr ich, dass Sophia die Unmittelbarkeit, die Spontanität, das Jetzt so sehr liebt, dass überkommene Vorstellungen und Gedanken an ihr abprallen. Jenseits des bereits Bekannten ist sie am leichtesten zu finden. Der Seele zeigt sie sich in ihrem Jetzt. Sophia liebt den Moment. Deshalb überrascht sie und zeigt sich am ehesten, wenn man sich von ihr überraschen lassen möchte.

Am Anfang steht ein Berührtwerden der Seele. Sophia tut es auf ihre Weise. Sie nähert sich, ohne dass man schon wüsste, wie einem geschieht. So beginnt ihr Wirksamwerden. Ich habe die Erfahrung gemacht, dass sie wünscht, der Gesundheit und der Heilung des Menschen zu dienen. Ihre Gegenwart, die manchmal bis in die Zellebene des physischen Körpers zu spüren ist, wirkt ausgleichend, erhellend und erhebend. Sie verfügt über Kräfte heilenden Lichts. Man kann den Eindruck haben, als würde man zu ihrem Kind. Sie ist in Sorge um dieses Kind und umhüllt und nährt es. Sophia ist die Göttin, die weisheitsvolle Bilder und Kräfte des verborgenen ursprünglichen Daseins der Erde hütet. Sie ruhen in den geheimen Kammern ihres großen Wesens. Diese sind dem inneren Sinn des Menschen nicht verschlossen. Sophia bietet uns an, sie zu empfangen und zu schauen.

*

Während ich mich mit Sophia befasste, verstand ich, dass Sophia die Göttin der heiligen Ordnung ist. Sie trägt die Ordnung des kosmischen Seins hinein in die irdische Welt. Das Prinzip Sophias ist ein schöpferisches. Als Schöpfergöttin sorgt sie für den Wesenszusammenklang der Erde. Die Erde wird durch sie zu einem lebendigen Bild des Kosmos. Die Ordnung der irdischen Lebensverhältnisse ist Gabe Sophias. Unser irdisches Dasein beruht auf dieser Gabe. Wege zu Sophia führen über die Erfahrung der kosmischen Ordnung der lebendigen Erde. Dadurch, dass man in ein unmittelbares und empfindungsgesättigtes Verhältnis zu dieser Ordnung tritt, wird man darauf vorbereitet, Sophia zu begegnen. Die meditative Hingabe an die Ordnung des Lebens ist ein Tor, das die Seele auf

Sophia einstimmt. Je mehr es gelingt, in dem irdischen Wesenszusammenklang einen Ausdruck der kosmischen Ordnung zu fühlen und zu erkennen, umso eher wird man Sophias Wesen erleben können. Die Beschäftigung mit den kosmischen Gesetzen, die das Dasein der Erde bestimmen, ist ein Weg zu Sophia. Deswegen kann jeder Moment, jedes Wesen ein inneres Erlebnis dieser Ordnung hervorrufen. Ich kann mich uneingeschränkt und vollumfänglich einer Sinneswahrnehmung hingeben, sodass sich eine Empfindung, eine Erfahrung dieser heiligen Ordnung einstellt. Sobald ich diese Ordnung erlebe, stehe ich vor Sophia. Damit begebe ich mich in die andere Welt. Ich wechsle auf die andere Seite jener Ordnung, die ich in der sinnlichen Welt anschaulich vor mir habe.

Das erhabene Wesen Sophias hat sich tief mit der Evolution der Erde und der Menschheit verbunden. Wie der Mensch geht sie einen Erdenweg. Tatsächlich kann er zu ihr aufschauen wie zu einer kosmischen Schwesterseele.

*

Sophia ist Hüterin der Erde. Sie ist an jedem Ort der Erde anwesend und anzutreffen. Sie tritt in den zahlreichen Landschaften der Erde an den verschiedenen Orten und zu unterschiedlichen Zeiten in Erscheinung. Sophia ist außerordentlich wandlungsfähig. Sophia ist der Zusammenklang alles Seienden. Ihre Bögen und Schwünge sind weit. Sie steht am Anfang des irdischen Seins. Sie ist ohne Widerspruch. Sie offenbart die Einheit des Seins. Diese Einheit ist durch sie gegenwärtig. Durch sie offenbart sich der Urzustand des Seins.

Der Gang zu Sophia ist keiner, den man schon gegangen wäre. Er ist ungepfadet. Aber Rufe nach Sophia verhallen nicht ungehört. Sophia wünscht, mit dem Menschen zu gehen. Aufmerksam folgt sie seinen Wegen, auch denen auf der anderen Seite der Wirklichkeit während des Schlafes und nach dem Tod. Auffällig ist ihr Interesse am einzelnen Menschen, an seiner Individualität.

Als Hüterin des Wesens der Erde besteht zwischen ihr und den Wesenheiten der elementaren Welt naturgemäß eine tiefe Zusammengehörigkeit. Die Elementarwesen teilen sich dem lauschenden Menschen gerne über Sophia mit. Mit ihr steht ihnen die hohe heilige Ordnung, der sie folgen müssen, immerzu vor Augen. Sophia genießt unter ihnen große Hochachtung und Verehrung. Deshalb ist es ein gangbarer Weg, von den Wesenheiten der elementaren Welt über Sophia zu hören und zu lernen. Die Elementarwesen werden gerne zu ihr befragt.

· · · DIE TRÄNEN DER GÖTTER · · ·

Das Dasein, das wir vorfinden, ist voller Wunder. Und jeder unserer Blicke, jedes Gefühl, das wir empfinden, jeder Gedanke, der sich einstellt, jedes Wort, das wir aussprechen oder vernehmen, kann uns ausnahmslos zum Staunen bringen. Von der viel beschworenen Entzauberung der Welt kann nicht die Rede sein. Indem man sich den Phänomenen der sinnlichen Welt hingibt, sie aufmerksam beobachtet, findet das Staunen über die Wunder und Zaubereien, die sich ununterbrochen ereignen, kein Ende. Jeder Augenblick gemahnt an das geheimnisvolle Spiel der lebendigen Erde. Das Licht einer Kerze zu betrachten, den Bewegungen einer Katze zu folgen, der Stimme eines Menschen zu lauschen, auch die technischen Errungenschaften, die wissenschaftlichen Erkenntnisse wertzuschätzen und weiter die Möglichkeiten zu erwägen, über die der Mensch dank der inneren Welten verfügt, seine Phantasie, seine Intuitionen, sein unerschöpflicher Ideenreichtum, seine Willenskraft und ungeheure Kreativität, all dies sind Anlässe für fassungsloses Staunen. Man fühlt sich wie ein Kind, das keine größere Lust empfindet, als verzaubert zu werden. Ja, Staunen ist ein tiefes Bedürfnis des Menschen. Wir sind empfangende, beschenkte Wesen. Staunen hat unübersehbare gesundende und heilende Wirkungen. Staunen versöhnt. Denn es weist darauf hin, dass die Seele über bedeutende Kräfte verfügt, mit denen sie die schädlichen Wirkungen der intellektuellen und ausgekühlten Welt, in der wir leben, mildern und verwandeln kann. Staunen führt uns an unseren Ursprung, zu den Quellen unserer kindlichen, urmächtigen Kraft.

Wir haben die Götter zurückgewiesen. Mit Göttern meine ich hier die Wesen der höheren Hierarchien, der Engelsphären. Sie sind aus dem öffentlichen Leben weitgehend verbannt. Dass sie in den Gedanken und Gefühlen der Menschen leben, ist alles andere als selbstverständlich. An die Stelle des alten Götterglaubens ist die Überzeugung getreten, der Mensch sei die einzige Intelligenz auf Erden. Er fühlt sich als das Maß aller Dinge. Das veranlasst ihn, nur noch sich selbst und seinen Fähigkeiten zu vertrauen. Er meint, er verdanke sein Schicksal ausschließlich sich selbst. Das hat Folgen für den Umgang mit der Erde und der Schöpfung. Ihnen setzt er seine eigene innere Ordnung entgegen. Das erlaubt ihm, die Erde nach Maßgabe seiner eigenen Entwürfe und Ziele zu verwandeln und zu missbrauchen, sie auszubeuten und zu verletzen.

Von alters her sind die Götter und Engel gewohnt, dass ihnen von Menschenseite Opfergaben gebracht werden, dass sie verehrt und angebetet werden und der Mensch sie in seinen Gedanken und Gefühlen leben lässt. Man muss feststellen, dass der Mensch mit der göttlichen Welt gebrochen hat. Das ist im 19. und 20. Jahrhundert recht abrupt vor sich gegangen. Von den Göttern kann das nicht anders als schmerzhaft empfunden werden. Für die Götter ist das eine nicht leicht zu meisternde Situation. Sie mögen uns unsere Fehltritte verzeihen, leiden tun sie trotzdem darunter. Die Notwendigkeit, die Erde von unserer Seite zu gebrauchen und zu verwandeln, bestand schon immer, die Geschichte der Menschheit ist davon Zeuge. Diese Eingriffe haben aber ein Ausmaß erreicht, das alles Bisherige in den Schatten stellt. Kaum eine Weltgegend ist von den Schäden, die der Mensch an der Erde verursacht, noch frei. Nicht nur die Menschen stellt das vor große Aufgaben, ebenfalls die Wesen der Engelhierarchien und selbstverständlich die Naturgeister. Zu lösen sind sie allemal nur mit dem Menschen.

Es ist ein Irrtum, zu glauben, die Existenz der Götter hinge nicht vom Menschen ab. Indem er ihnen huldigt, sie verehrt, Rituale für sie abhält, Opfer bringt, sorgt er für die Abmilderung des Ungleichgewichts, das seine Taten auf der Erde hervorrufen. Er sorgt für den Ausgleich der Schuld, die er durch sein Leben auf der Erde auf sich lädt. Von der Notwendigkeit dieses Ausgleichs haben die Menschen immer gewusst. Die Götter haben Gaben an den Menschen, aber er auch an sie. Die Götter sind auf diese Gaben angewiesen. Ebenfalls sind es die Naturgeister. Die ihnen dargebrachten Gaben und Opfer der Menschen sind für sie Lebenskräfte, die sie von keinem anderen Ort des Kosmos empfangen können. Sie sind für sie unverzichtbar. In unserer Verantwortung liegt es, sie ihnen zukommen zu lassen.

*

Die Götter geben dem Menschen einen Platz in der Schöpfung, den sie einst uneingeschränkt besessen haben. Sie tun das, damit er zu der Selbstständigkeit kommen kann, die ihn dazu begabt, ein freies Wesen zu werden. Wohlbedacht treten die Götter zurück. Ihr Leid, ihre Tränen und die Zurückweisung, die sie von der Seite des Menschen erfahren, sind notwendig. Die Götter lockern das Band, mit dem sie ihn über lange Zeiten gebunden haben. Das schmälert ihren Schmerz nicht, macht ihn aber erträglicher. Der Schmerz der Götter ist im Weltenplan vorgesehen. Er ist die Folge unseres Strebens nach Freiheit. Damit, dass wir Selbstständigkeit erlangen und unseres göttlichen Wesens immer bewusster gewahr werden, ist uns aufgetragen, wieder auf die Götter zuzugehen. Es ist ein neuer, ein noch nicht begangener Weg. In unserem Wesen aufzusteigen, unserer göttlichen Natur bewusster zu werden, auferlegt uns, uns den göttlichen Wesen zuzuwenden, die diesen Weg an unserer Seite mitgehen. Wir können nicht anders als uns verpflichtet fühlen, für den notwendigen Ausgleich zu sorgen. Der

Dienst, den sie uns erwiesen haben, wendet sich in einen Dienst unsererseits an ihnen.

*

Es steht uns frei, das Leben, das wir führen, als eine Gabe an die Götter zu betrachten. Es steht uns frei, uns zu entschließen, unsere Existenz den Göttern zu weihen. Jeden Moment sind wir göttliche Wesen. Als solche sind wir immer Gebende. Jeden Moment unseres irdischen Lebens sind Opfergaben möglich. Uns obliegt es, solche Momente zu schaffen, in denen wir uns ganz unserem inneren Leben hingeben. In diesen Momenten bestimmen wir über uns. Wir geben uns heiligen und bedeutungsvollen Gedanken und Bildern hin. Auf diese Weise innehalten ist beinahe jederzeit möglich. Wir erwecken in uns Gefühle der Dankbarkeit und Verehrung. Diese Gedanken, Bilder und Gefühle können wir den Göttern und den Naturgeistern darbieten. Es kann ein Gedanke, ein Gefühl, ein Spruch, ein Gebet oder ein inneres Bild sein. Wir behalten sie nicht für uns, sondern lassen sie wie geistigen Opferrauch aufsteigen. Diese Rituale des Alltags sind Ereignisse, die für die geistigen Wesenheiten bedeutungsvoll sind. Sie sind heilige Akte. Sie sind Gaben der Seele an die Götter. Man darf nicht meinen, solche Dinge wären unbedeutend. Die Götter und Naturgeister ernähren sich davon, wie wir uns vom Licht und durch unsere Nahrung, durch liebe Worte und Anerkennung ernähren. Der Mensch soll wissen, dass er über bedeutende Gaben an die Wesen der geistigen Welten verfügt. Sophia und die Götter haben großes Interesse daran, dass wir unsere Gaben kennen und sie gebrauchen. Sie regen den Menschen an, in Übung zu bleiben. Dadurch tritt die Rolle zutage, die wir im Wesenszusammenhang der Erde einnehmen. Wir werden uns des Beitrags bewusst, den wir zur Unterstützung der Wesen der anderen Welten leisten können. Wir erkennen unsere versöhnenden Kräfte.

Jede Tat kann ein Dienst, ein Liebesdienst an die Götter sein. Ebenfalls jedes Wort, jeder Gedanke. Jedes Gespräch lässt sich so führen, dass es für die Elementarwesen und Götter Wohlklang und Wohltat ist. Wir sind jeden Moment in der Lage, in unsere Gedanken, Worte und Taten ein Leben hineinzulegen, mit dem wir den Göttern und Elementarwesen einen Dienst erweisen. Die Seele hat dieses erstaunliche Potenzial. Das ist eine bewundernswerte Fähigkeit. Berührungen, Gefühle, Wahrnehmungen können vermischt sein mit der Empfindung, mit der Welt der Götter, ihren schaffenden und weisheitsvollen Weltenkräften, und mit den Wesen der elementaren Welt verbunden zu sein.

Ein im ersten Licht der Sonne leuchtender Berghang, das kräftige Rauschen eines Baches, ziehende Wolkenberge sind Göttergaben und rufen eigentlich von selbst ein Empfinden von Dankbarkeit hervor. Die Stille einer ruhigen Nacht, die Augen eines Menschen, das Lachen eines Kindes, die würdige Stimme eines älteren Menschen sind Aufrufe an die Seele, sich der Gaben der göttlichen Welt zu versichern und innezuhalten, um zu danken. Doch auch das sogenannt Unwürdige, Schwache, Geringe ist nicht weniger ein Hinweis auf die Gaben der göttlichen Welten. Die Trauer eines Menschen, sein Schmerz, die Scham, die Angst und anderes mehr sind Offenbarungen, die einen tiefen Blick in die Geheimnisse des Daseins erlauben. Ihnen verdanken wir wesentliche Aspekte unseres Menschseins. Ohne sie wären wir viel weniger als das, was wir jetzt sind.

Die Wirklichkeit ist derart konstituiert, dass jede Tat, selbst eine vermeintlich banale, hinreicht, eine Gabe an die Welt der Götter zu sein. Jede Tätigkeit hat dazu das Potenzial. Die Liebe zur Tat und zum Wesen, dem die Tat gilt, entscheidet darüber, wie diese von den Göttern aufgenommen wird. Es liegt an den Gefühlen und Gedanken gegenüber dem, was wir tun, welche Wirkungen von uns in die Welt der Götter aufsteigen. Man kann sich jeden Moment von der Liebe zum Dasein durchdrungen fühlen. Man kann diese starke Seelenkraft in sich aufrufen und sich mit ihr erfüllen. Mittels der Meditation ist es möglich, sich des Wesens des Interesses, der Hingabe und der Liebe zu versichern. Man kann diese hohen Wesen einladen, man kann mit ihnen vertraut werden und sich von ihnen unterweisen lassen. Die Momente, in denen wir unser Bewusstsein auf diese hohen göttlichen Wesen richten, sind deshalb von so großer Bedeutung, weil sie uns in ein wahres Verhältnis zur Welt der Götter setzen. Der Umgang mit den Göttern wird uns immer leichter fallen.

· · · SICH SOPHIA ANVERTRAUEN · · ·

Bisher ist kaum etwas darüber gesagt worden, wie man sich Sophia annähern kann. Das soll nun nachgeholt werden. Sich Sophia nähern ist ein Weg. Beginnt man ihn zu beschreiten, merkt man, dass er ohne ein offenkundiges Ziel ist. Wohin es geht, bleibt ungewiss. Sophia befreit nicht von dieser lästigen Ungewissheit. Auch wenn man sie darum bittet. Sie spricht davon, dass diese Ungewissheit unerlässlich sei. Ansonsten bliebe man im Allzubekannten. Das Ziel schon zu wissen hält davon ab, wirklich auf dem Weg zu sein. Denn man wirft zu wenig in die Waagschale. Auf die gewohnten Sicherheiten zu verzichten braucht Mut. Ein inneres Ringen kommt in Gang. Es ist ein Ringen um Vertrauen. Dieses Ringen gilt Sophia. Denn Sophia wünscht, dass wir uns über die Tugend des Vertrauens Klarheit verschaffen. Vertrauen ist an dieser Stelle Vertrauen in sich selbst. Wie oft habe ich Sophia darüber reden gehört! Sich vertrauen ist ein hohes Geheimnis, eines der höchsten. Man wird das Bedürfnis haben, Sophia mehr als einmal nach diesem Geheimnis zu fragen. Man möchte fragen: Was verstehst du unter Vertrauen? Wie kann es wachsen? Wo und wie kann ich es finden? Sie gibt Antworten. Aber immer nur vorläufige. Sie antwortet, indem sie Wege und Umwege zeigt. Sich mit dem Wesen des Vertrauens zu befassen, ist im Sinne Sophias. Sie hört nicht auf, auf diese kostbare Suche und Arbeit hinzuweisen. Diese Suche betrifft ein Geheimnis, mit dem jeder Mensch recht alleine ist. Der Tugend des Vertrauens begegnen wir als Einzelne. Vertrauen führt in die Tiefen der eigenen Persönlichkeit und Individualität. Sophia bietet sich dazu als Begleiterin an. Sie möchte mit dem Menschen gehen, der sich ihren Beistand wünscht. Auf seiner Suche nach dem Vertrauen kann er sich mit ihr vereint fühlen.

Sophia rät, die Augen zu schließen, wenn man ihre Nähe spüren möchte oder spürt. Eher träumend erfährt man ihre Gegenwart. Sophia weist das nach Kontrolle und Herrschaft heischende Bewusstsein zurück. Sie flieht es. Das Verlangen nach Kontrolle trübt das Licht, das von Sophia ausgeht. Lauschende, von Hingabe erfüllte Aufmerksamkeit macht ihrem Wesen gegenüber empfänglich. Sie zu pflegen ist eine Einladung an Sophia. Das bedeutet nicht Dumpfheit des Bewusstseins, sondern eine besondere Empfindsamkeit. Die Seele berührt Sophia, indem sie empfindet.

*

Sophia wirbt um die Seele des Menschen. Aber sie tut es, ohne seine Freiheit einzuschränken. Ihr Werben ist still. Es ist leicht zu überhören, aber erklingt ununterbrochen aus übersinnlichen Welten. Es ist möglich, sich auf ihr Werben auszurichten. Man tut es, indem man in sich geht. Dort sind die Organe, die Sophias Lieder vernehmen. Sophia wirbt, indem sie singt. Erklingend zieht sie unsere Aufmerksamkeit auf sich. Ihr Singen, ihre Lieder, ihre Suche nach uns klingen in der Seele.

*

Die Wendung nach innen führt zu Sophia. Das zu Unrecht nicht allzu bekannte Grimmsche Märchen *Die drei Spinnerinnen* bezeugt diese Wendung. Die drei Spinnerinnen begleiten das Mädchen, die Heldin, schon bevor sie im Märchen auftreten. Zwar steht davon nichts geschrieben, aber die ganze Handlung ist nicht anders zu denken, als dass das Wirken der Spinnerinnen von Anfang an da ist. Die Spinnerinnen sind diejenigen, die die Fäden des Schicksals ziehen, was dazu führt, dass das Mädchen der Mutter entfliehen kann. Damit beginnt sein eigenes Leben. Dann kommt der Moment, wo sich das Mädchen in einer hoffnungslosen Lage befindet.

Es vollführt eine innere Wendung, was im Märchen dadurch angezeigt wird, dass es mit Tränen in den Augen aus dem Fenster schaut. Dort erblickt das Mädchen die Spinnerinnen. Diese bieten ihm ihre Dienste an, um die Last seines bisherigen Schicksals abzuwerfen. Dadurch gelingt dem Mädchen, sich von dem zu befreien, durch das es bisher in ein bestimmtes Bild gezwungen wurde. In der stillen, geheimen, dann aber unverkennbaren Tätigkeit der Spinnerinnen leuchtet das Wesen Sophias auf. Sie sind ihre Boten. Sophia bietet sich der suchenden Seele an, wie sich die Spinnerinnen dem unglücklichen Mädchen anbieten. Sophia kann dies nur, wenn wir uns zu ihr bekennen, wobei es ausreicht, es in aller Stille zu tun. Dieses Bekenntnis muss nicht nach außen getragen werden. Im Märchen drückt sich dieses Bekenntnis dadurch aus, dass die Spinnerinnen, die übrigens von sehr hässlicher Erscheinung sind, von dem Mädchen verlangen, dass es sie zu seinem Hochzeitsfest einlädt und als seine Verwandten vorstellt. Ohne Widerspruch erfüllt ihnen das Mädchen diesen Wunsch, worauf die Befreiungstat vollendet ist.

*

Sich Sophia nähern ist ein allmähliches Vertrautwerden mit ihrem Wesen. In der Meditation kann man sich die hohe und erhabene Geistgestalt Sophias vor das innere Auge rücken. Vorsichtig kann man die Hand ausstrecken, um den Saum ihres lichten und leuchtenden Kleides zu berühren. Man wird behutsam vorgehen. Indem man aufmerksam auf das achtet, was in der Folge dieser Berührung geschieht, wird man bestimmte Erfahrungen machen. Man wird mit der Aura dieser Gottheit bekannt. Man erlebt ihren besonderen Atem. Eine unauffällige und lichte Stimmung ergreift die Seele. Diese hinterlässt einen Eindruck, der sogleich verfliegen würde, wenn man unachtsam wäre. Er ist unscheinbar, was es nötig macht, ihn festzuhalten, indem man ihn aktiv nachempfindet. Das Nachbild der Erlebnisse dieser Meditation macht die Fülle offenbar, die man während der Meditation gar nicht wahrnehmen konnte.

In jedem Fall kann man sich den Beistand Sophias wünschen. Man kann sich von Sophia wünschen, unter ihren Schutzmantel treten zu dürfen. Ich habe immer wieder erlebt, dass bereits das unhörbare Aussprechen ihres Namens zu einer Begegnung führt. Man kann sich mit einem Gebet an sie wenden und, wie es schon seit langen Zeiten von Menschen getan wurde und immer noch wird, um ihren Schutz und ihre Hilfe bitten.

Sophia fordert dazu auf, dass man sich wirklich an sie wendet. Ich habe diese überraschende Erfahrung immer wieder machen können. Sophia weist den Menschen nicht ab. Sie wartet darauf, dass man ihr als der Mensch, der man ist, gegenübertritt. Wenn sie zum Menschen spricht, wendet sie sich an seine Individualität, an seinen göttlichen Namen, an seine göttliche Natur. Es ist ratsam, auf die Art zu achten, wie man von ihr angesprochen wird. Indem man das tut, wird man bemerken, dass ihre Aufmerksamkeit dem ganzen Wesen gilt, das man ist. Ihr Blick, mit dem sie auf einem ruht, ist ohne Ablenkung, ohne Verschleierung. Unsere wahre und vieldimensionale Wesenheit weckt ihr Interesse.

Sophia wünscht, dass man sich ihr anvertraut. Wenn das gelingt, kann es geschehen, dass man in eine besondere Art des inneren Gesprächs eintritt. Hier soll nur so viel gesagt sein, dass man sich nicht von der Ungewöhnlichkeit dieses Gesprächs verunsichern lassen muss. Sophia führt es auf ihre Weise. Das kann heißen, dass sie nicht mit der erhofften Klarheit spricht. Vielleicht vermisst man Sinn und Bedeutung dessen, was sie sagt. Der Grund liegt darin, dass ihre Unterweisungen nur unter unserer Mitwirkung vor sich gehen. Ich habe vielfach erlebt, dass Sophia mir keine Lösungen geboten, sondern mir Aufgaben gestellt hat. In vielen Fällen fragte sie zurück und überließ mir die Antworten. Die Begegnungen mit Sophia sind voller Überraschungen. Von ihr wird mir Unerwartetes zuteil bis heute.

Es geht keinerlei Zwang von Sophia aus. Nie habe ich mich durch sie zu irgendetwas gedrängt gefühlt. Sophia verkörpert die zwanglose, durch Hingabe getragene Begegnung. Das geht so weit, dass sie sich zurückzieht, sobald die Neigung auftaucht, ihr Wort über das eigene zu erheben. Alle Formen der Abhängigkeit widerstreben ihr.

· · · SCHICKSAL DER GÖTTER · · · UND DER MENSCHEN

Die Götter muten den Menschen auch leidvolle Erfahrungen zu. Es obliegt ihnen nicht nur, die Erde aus den Kräften der kosmischen Ordnung zu durchdringen, zu erbilden und zu beleben, sie sorgen nicht nur für den Lebensgrund der Menschen. Sie zeichnen ihn auch damit aus, Leid zu empfangen. Denn im Leid liegt Verwandlungskraft. Am Leid bricht sich das Schicksal des Menschen, wie das Licht sich am Prisma bricht, wodurch die Wesen der Farben hervortreten. In ähnlicher Weise werden bedeutende Seelenkräfte aus dem Leid geboren. Die Götter schaffen für die Menschen Lebenssituationen, die durch Verlust, Verrat, Krankheit, Unvollkommenheit sowie Angst und Tod gekennzeichnet sind. Für sie sind Leiden, auch wenn wir dafür nicht viel Verständnis aufbringen, Wege der Heilung. Leiderfahrungen führen zu tiefen Verwandlungen. Schicksalsschläge bilden im Menschen etwas aus, das ihn für Zukünftiges vorbereitet. Es werden ihm neue Fähigkeiten zugetraut, die im Leid hervortreten. Leidvolle Erfahrungen, die die Götter von ihrer höheren Warte aus den Menschen zumuten, dienen der Ausbildung versöhnender und heilender Seelenkräfte. Sie weisen auf Wege hin, die noch nie gegangen worden sind. Die Götter unterziehen uns mitunter strengen Prüfungen. Sie überfordern uns und verlangen uns Fähigkeiten ab, von denen wir vorher nicht wissen können, dass wir über sie verfügen.

An diesen Prüfungen, die uns Verzicht, Entbehrungen und Schmerzen bescheren, erwacht etwas in uns, von dem wir zuvor keine Ahnung haben konnten. Erweckt werden neue Kräfte und Fähigkeiten. Wir machen die besondere Erfahrung, dass uns durch das Leid hindurch die Götter nie verlassen. Selbst wenn es vorerst den Anschein macht, ihre unmittelbare und heilsame Gegenwart reißt doch nie ab. Ihre Nähe, ihre Aufmerksamkeit, ihr Mitgefühl sind allgegenwärtig. Gerade in den schwersten Momenten sind die Götter anwesend. Die Götter, die uns prüfen, stehen uns auch bei, die Prüfungen zu bestehen. Wem schmerzliche Erfahrung zugemutet werden kann, wird ein tieferes Verständnis erlangen für das heilige Band zwischen der Welt der Götter und der Welt der Menschen. Eine unerschütterliche Gewissheit und immer klarere Erkenntnis dieses Bandes zwischen den Welten stellt sich ein. Dass wir dem Leid erliegen, nicht mehr ein noch aus wissen, schmälert diese Erfahrung nicht. Sie erhält ihren Wert und ihre Kraft überhaupt erst dadurch, dass wir an der Schwelle zur Ohnmacht und Hoffnungslosigkeit stehen. Verzweiflung, Ängste, Todesnähe offenbaren sich im Nachhinein als besondere Quellen. Sie eröffnen den Zugang zu Aspekten der eigenen Wesenheit, die man bisher kaum bemerken konnte. Durch diese Erfahrungen, die man niemand anderem wünscht, steht man selbst in einem neuen Licht. Es mag noch zart sein, wird aber mit der Zeit klarer und leuchtender. Man wird einer neuen Natur seiner Wesenheit gewahr. Nicht nur vor den Göttern steht man anders da, sondern auch vor sich selbst. Diese neuen in Erscheinung tretenden Aspekte des eigenen Wesens sind Gaben des Schicksals, die uns das Leid hat erfahren lassen. Das erlebte Leid weckt Wesensaspekte, die schon da waren, denen man aber nicht hat vertrauen wollen oder können. Leid erweckt wie aus einem Traum, der mit der Zeit wahr und wahrer wird.

*

Kinder spielen im Sand, mit Steinen und Hölzern, am Wasser, weil sie sich eins mit der Erde fühlen. Eher wie eine Pflanze fühlen sie sich, die vom Licht, von der Wärme und dem Wässrigen der Erde umflossen und umhüllt wird. Alles spricht und ist ein lebendiger Teil der Seele. Daher die Unschuld und Himmelsnähe der kindlichen Seele. Kinder sind Zeugen des göttlichen Seins des Menschen und der Erde. In ihnen ist vereint, was sich später scheidet. Die Kinderseele und die Erde sind noch eins. Dafür sind sie ohne eine deutliche und wache Erfahrung ihres dem Irdischen zugewandten und angehörenden Wesens. Ihr Ich ist in einem tiefen unschuldigen Traum befangen. Die wache Ich-Erfahrung verstärkt sich in dem Maße, wie das Kind von der göttlichen Welt geschieden wird. Später steigert sich diese Erfahrung dahingehend, dass der Mensch seine Einzigartigkeit erfährt. Die Einzigartigkeit entzweit uns von der Welt. Aber daneben taucht doch etwas Unverstandenes auf. Denn wir sind noch dabei, die besondere Quelle zu verstehen, die unsere Einzigartigkeit, unser ureigenes Wesen ist. Lauscht man ihr nach, offenbart sich, dass dieses Wesen Quelle einer von uns noch unbegriffenen Unschuld ist. Die ursprüngliche kindliche Unschuld mussten wir aufgeben, um sie aus der Quelle seines ureigenen Wesens zu erneuern. Unsere Einzigartigkeit ist Zeuge jener geistigen Wesenheit, die nicht den Verhaftungen des Irdischen ausgesetzt ist. In ihr ist unser Wesen unverletzt und unverletzlich. Diese Quelle unseres unschuldigen Seins und ihre Kräfte vollständig zu entdecken, steht uns noch bevor. Sie spricht aus der Zukunft. Die reine unschuldige Quelle unseres Wesens ist auf den nach Freiheit strebenden Menschen angewiesen. Nur insofern wir uns unabhängig machen, nicht mehr Fremdes über uns gebieten lassen, werden wir unsere Unschuld wiedererlangen. Diese widerstrebt allen Einschüchterungen, allen Einengungen und fremden Urteilen. Sie wartet darauf, endlich von uns entdeckt zu werden. Denn sie wirkt vereint mit dem Ich, aber nicht mit dem Ich, das sich dem Sinnesschein ergibt, sondern mit demjenigen, das sich seiner göttlichen Wesensnatur bewusst wird. Unsere Unschuld kann nur das zu seinem ganzen Wesen erwachende Ich bezeugen. Dieses Ich weiß um seine Unschuld als eine unmittelbare Wesenserfahrung.

Götter und Menschen tragen die Erde. Jedes Geschlecht tut es auf seine Weise, ohne dabei auf das andere verzichten zu können. Es bedeutet ein Schmälern der Kräfte, wenn wir nicht die Gaben der Götter und die Götter nicht unsere Gaben empfangen. Auf uns kommen in diesem Zusammenspiel immer größere Aufgaben zu. Wir erleben heute Vorwehen zukünftiger Zustände, die sich dadurch auszeichnen werden, dass wir einen immer größeren Einfluss auf die Entwicklung der Erde haben werden. Jetzt stecken wir diesbezüglich noch in den Kinderschuhen. Wir bereiten uns noch auf unsere zukünftigen Aufgaben vor, wenn uns an der Seite der Götter immer mehr von ihrer Verantwortung übergeben werden wird.

Götter und Menschen haben ein gemeinsames Schicksal. Ohne dass wir uns an die Götter, die Wesen der Engelhierarchien und die Wesen der elementaren Welt wenden, sie an unseren Entscheidungen teilnehmen lassen, sie um Rat fragen und uns ihrer weisheitsvollen Wesensnatur anvertrauen, werden wir die kommenden Aufgaben nicht lösen können. Es ist an uns, ihnen unsere Zusammenarbeit anzubieten. Damit wir uns als Mittragende der Erde an der Seite der Götter erweisen können, ist unverzichtbar, dass wir uns den Göttern wieder anvertrauen. Sie kommen uns entgegen. Sie rufen nach uns.

Sophia entzieht sich traditionellen Denkformen. Vor begrifflichen Kategorien flieht sie. Sie steht aber der Seele des Menschen nahe. Sie steht ihr so überraschend nahe, dass es dem Denken nur schwer gelingt, die erste Form der Annäherung zu sein. Leichter fällt es da der Empfindung, dank der ihr eigenen Unmittelbarkeit. Das hat damit zu tun, dass Sophia für das Durchwärmen und Durchglühen des Bewusstseins und des Denkens eintritt. Sie verfolgt die Vereinigung von Fühlen und Denken, also ein Denken, das von den hohen Kräften des Herzens belebt und getragen ist. Am ehesten begegnet man Sophia, wenn sich der fühlende und der denkende Mensch vereinigen. Damit lässt man ein Denken, das auf festen Begrifflichkeiten beruht, hinter sich. Ein tastendes, fühlendes und bilderfülltes Denken hebt an. Das Denken wird zu einem Wahrnehmungsorgan, zu einem Empfängnisorgan für das Wesenhafte. Das Herz denkt.

*

Sophia atmet auf eine Weise, die wir kennenlernen können, wenn wir beginnen, ihrer Wesenheit gewahr zu werden. Ihr Lebensatem ist weit, sehr weit, er sorgt für den Ausgleich zwischen den Wesenheiten, die im Kosmos und auf der Erde existieren. Sophias Atem vereint die unterschiedlichen Welten und Wesenheiten. In ihrem Atem sind Bilder des Lebens. In ihnen offenbaren sich die Welten, zwischen denen Sophia vermittelt. Ihr Atem ist eine Art Tanz. Sie vollführt grandiose und vielfältigste Bewegungen. Es ist möglich, ihrem Tanz, ihrem Atem zu folgen. Dazu überlässt man sich bewusst ihrem Wesen, ihrem Atem und den in ihm lebenden und wirkenden Bildern. Diese Meditation verhilft zu Eindrücken von der Wesensart Sophias und den Welten, über die sich ihr Wesen erstreckt.

Ihr Atem durchweht nicht nur die Räume, sondern er durchweht auch die Zeiten. Als All-Einende sorgt Sophia für die Anwesenheit der Zukunft in der vergangenheitsdurchdrungenen Gegenwart. In ihr leben jene Kräfte, die notwendigerweise aus der Zukunft in die Gegenwart hinein wirken. In ihrem Wesenslicht erscheinen die hohen geistigen Gaben jener reinen Wesenheiten, die in der Zukunft wurzeln und bis ins Jetzt für die Erde wirksam sind.

Dass Sophia unterschiedliche Wesenswelten vereint, betrifft auch den Menschen. Sie tritt als die mit allen Wesenswelten vereinte Weltenseele vor uns hin. Aber nicht nur – Sophia ist eine Göttin der äußeren und der inneren Welten. Ihre Wesenheit wirkt auch in und durch uns. Wie Sophia verfügt unsere Seele über die Gaben, zu dienen, zu empfangen und zu versöhnen. Nur sind sie noch nicht ausgereift. Sich Sophia anzuvertrauen dient der Ausreifung unserer Seelenkräfte und bereitet auf den sophienhaften Menschen vor. In ihm sind, als eine Vorwegnahme für uns, die Welten ausgeglichen und vereint, die in Sophia schon ausgeglichen und vereint sind.

*

Sophia wendet sich an die Seele des Menschen. Sie nähert sich ihr auf besondere Weise. Indem man Sophia dazu einlädt, lässt sich wahrnehmen, dass sie nicht nur vor die Seele hintritt. Sie sucht nach Wegen, von der Seele empfunden und empfangen zu werden. Das kann so weit gehen, dass man erlebt, wie Sophia die eigene Seele umhüllt. Dadurch entsteht ein Gefühl tiefen Getragenseins. Darüber hinaus geht von Sophia ein weiterer bedeutender Impuls aus. Er besteht darin, die Aufmerksamkeit für das Wesen der eigenen Seele zu verstärken. Sophia lenkt den inneren Blick auf das Licht der Seele. Damit tritt das hohe Wesen der Seele hervor. Das lebendige Urbild der Seele beginnt sich zu erschließen. Dieses Urbild erweist sich als vollständig unabhängig von allen persönlichen und schicksalshaften Aspekten. Angeregt durch die selbstlose und von hoher Liebe durchdrungene Geste Sophias, öffnet sich der innere Blick auf das weisheitsvolle Panorama der Landschaft der Seele. Diese steht über allem Persönlichen. Sie schließt den Kosmos, also den lebendigen Ursprung der Welt und der Seele, mit ein. Die Seele offenbart ihre aus hohen Kräften des Kosmos erschaffene Wesenheit. Sie erscheint als ein Kind, ein Funke oder Tautropfen aller Weltengegenden, der planetarischen und der darüber hinausgehenden. Hervor tritt die Weisheitsnatur der Seele.

Andere geistige Erfahrungen und Einsichten weisen darauf hin, dass die Natur der menschlichen Seele mit den vielfältigen irdischen Lebensformen eine unbedingte Einheit bildet. Die mineralischen, pflanzlichen und tierischen Welten sind ihr vollständig bekannte Welten. Das gilt auch für alle anderen Erscheinungen: für die Witterung, für alle Zeitrhythmen, zum Beispiel Jahres- und Mondenzyklen, aber auch für die Wechsel der aufeinander folgenden geologischen und geschichtlichen Zeitepochen, für die unterschiedlichen Landschaften und Völker. Diese Einheit kann man sich nicht eng genug vorstellen. Sie lässt sich in der Meditation erlauschen. Solche Meditationen offenbaren die unmittelbare Teilhabe der Menschenseele an der lebendigen Erde und ihren unterschiedlichen Lebensformen. Sie verhelfen zu einem tiefen Verständnis der Wesensnatur der menschlichen Seele.

Dasselbe gilt für die geistigen Reiche der inneren Erde. In der Erde liegen geistige Reiche des Lichts, der Versöhnung und des Friedens. Sie sind durch dichte Schleier vor den neugierigen Blicken der Menschen geschützt. Die hehren und lichterfüllten Wesenheiten, die diese Reiche bewohnen, arbeiten an der Erlösung der Erde. Diese Reiche tragen viele Namen. Für die Seele des Menschen haben diese in den Tiefen der Erde gehüteten lichten Reiche und deren Bewohner große Bedeutung. Sie geben der Seele ein festes Fundament. Es wird erst in Zukunft in seinem vollen Ausmaß erkannt werden. Aber die Zeit ist schon da, da die Wesen der inneren Erde auf sich aufmerksam machen. Sich ihnen in der

Meditation hinzugeben ist eine Erkenntnisarbeit, an deren Beginn wir stehen.

Nicht unerwähnt darf bleiben, dass die menschliche Seelennatur ebenso Anteil hat an den Einflüssen jener Wesenheiten, die widernatürliche, böse und zerstörerische Eigenschaften in sich tragen. Sie verleiten den Menschen dazu, sich der heiligen Ordnung zu widersetzen. Dadurch kommt er in die Lage, sich mit seinem Bewusstsein, seinen Wünschen, seinem Begehren und seinen Entschlüssen gegen diese Ordnung zu stellen und sie sogar zu missbrauchen und zu zerstören. Indem er sich der Wirksamkeit bestimmter Wesenheiten, die als böse gelten müssen, unterwirft, liefert er sich ihrer Macht aus. Damit gefährdet er sich und den Frieden der Welt. Der Mensch ist auf seinem Entwicklungsweg dem Einfluss dieser Wesen ausgesetzt. Sie leisten seiner Entwicklung Widerstand, aber dienen ihm auch, wie alles Böse, wenn er in die Lage kommt, deren Gaben zu erkennen und zu empfangen. Er entwickelt sich mit und am Bösen. Es lässt sich deshalb davon sprechen, dass der Mensch mit den dunklen, bösen Göttern darum streitet, wahrer Mensch zu werden.

*

An dieser Stelle möchte ich das erste Mal Worte Sophias wiedergeben. Darin spricht sie über ihre Gaben an den Menschen:

> *Meine Gaben sollen dir dienen, indem sie sich mit der Quelle deiner Einzigartigkeit vereinen. Ich wünsche, dass du in sie eintauchst, von ihr trinkst, dich von ihr nährst und sie dir zu eigen machst. Sie ist die Kraft deines Lebens und Schicksals.*
> *Du kannst meine Gaben erbitten. Ich empfange dich in meinem Tempel. Er liegt tief in der Erde, in der geistigen Erde. Imaginiere diesen Tempel. Ich führe dich dorthin. Bitte darum, einzutreten. Schau dich in ihm um. Alles, was dir begegnet, ist meins, bin ich,*

gebe ich dir. Du kannst dich von mir geführt, getragen und erfüllt fühlen. Du kannst in das heilige Bad steigen, das ich für dich bereitet habe. Gesundung erfährst du. Oder ich reiche dir mein Buch. In ihm kannst du nach Belieben blättern und lesen. Stelle ihm deine Fragen und es schlägt sich dort auf, wo du die Antwort findest. Ich reiche dir meine Gaben. Sie sind so individuell, dass hier kein weiterer Hinweis auf sie erfolgen darf.

Schau dich um, du wirst viel entdecken. Nimm dir Zeit. Du erhältst sie von mir geschenkt. Fühle meine Gunst. Vergeblich wirst du nach einem Thron suchen. Ich habe keinen. Ich habe auf ihn verzichtet, damit ihr euren findet. Die Thronende werdet ihr vergeblich suchen, aber eure Schwester finden, eure Seelenschwester. Redet mich als eure Seelenschwester an. Ich nenne euch, wie mir aufgetragen wurde: Schwester und Bruder.

Lass dich von mir zu deiner neuen Geburt führen. Mein Wesen nimmt dich dazu auf. Lass dich von der anderen, von der geistigen Gebärmutter aufnehmen. Das ist der treffende und wahre Name meines Tempels: die euch dienende zweite Gebärmutter. Eure leibliche ist Bild eurer geistigen und die geistige ist Ziel der leiblichen. Sie vereinigen sich in dir und durch dich. So gesehen bin ich die Weltenmutter eurer Geistgeburt. Durch mich kommt ihr zu euch. Fühlt, empfindet und nehmt wahr, worin die Gaben der zweiten und aller folgenden Geburten bestehen und wie sie sich in und mit euch mit der leiblichen vereinen. Dann habt ihr viel verstanden über euch, über mich und unser Zusammenklingen, unser gemeinsames Sein und Dasein.

· · · DER WAHRHEITSSINN · · ·

Sophia widersteht dem Bösen. Allem Korruptem, Raubendem und Vernichtendem gegenüber bewahrt sie ihr Wesen. Sie bewahrt es für den Menschen. Sie bewahrt es, damit er trotz aller Angriffe des Bösen sein ureigenes Ich-Wesen aufrechterhalten kann. Sophia stärkt den Blick des Menschen auf das Böse, das auf der Erde wirkt. Sie stärkt auch den Blick auf das Böse, das aus dem Kosmos auf die Erde einwirkt. Der Kosmos ist von Wesenheiten, von Engeln und Göttern bewohnt, die sich für die fortschreitende gute Entwicklung der Erde entschieden haben. Der Kosmos wird aber auch von Wesenheiten bewohnt, die den Entschluss gefasst haben, die Zerstörung der Erde zu betreiben. Beiden Einflüssen sind wir ausgesetzt. Während die guten Geister die Entwicklung des Menschen zur Freiheit verfolgen, verfolgen die anderen Geister die Entwicklung des Menschen zur Abhängigkeit. Der zur Freiheit strebende Mensch widersteht, soweit es ihm möglich ist, den bösen Einflüssen. Er gewährt ihnen keine Herrschaft über sich. Die bösen Geister wollen die Herrschaft über den Menschen, während die guten Geister dem Menschen die Herrschaft über sich selbst geben möchten.

Um diese Angriffe zu erkennen, ist ein Wahrheitssinn nötig. Denn sie wirken im Verborgenen. Wer ihre Täuschungen nicht erkennt, erliegt ihnen. Sophia möchte dem Menschen diesen Wahrheitssinn verleihen. Es ist ein Organ, ein Wahrnehmungsorgan. Sich Sophia anzuvertrauen führt an einen bestimmten Punkt, an dem Sophia auf dieses Organ hinweist. Es ist ein beeindruckender Moment. Sophia bietet an, dieses Organ, das im Keim jeder Mensch hat, zu beleben.

Dieses Organ verhilft dazu, die Impulse zu schauen, die einer bestimmten menschlichen Tat zugrunde liegen. Man schaut auf die Wahrheit der Taten. Eindrücke stellen sich ein von dem Licht, das in allem verborgen ist, was der Mensch auf der Erde tut. Das gilt auch für jeden Gegenstand, denn auch sein Dasein beruht auf Impulsen, die vom Menschen stammen und die seiner Aura unverkennbar eingeschrieben sind. Wenn man ein menschliches Werk betrachtet, ein Buch, ein Werkzeug und genauso auch ein ausgesprochenes Wort, wird man mit einer Welt konfrontiert, in der sich neben hellen und lichten auch dunkle und unreine Impulse und Regungen befinden. Auch wenn man einen Baum oder ein anderes Naturphänomen betrachtet und mit seinem Wahrheitsorgan anschaut, wird man besondere Eindrücke gewinnen, nämlich Eindrücke von der hohen und unerschütterlichen Reinheit der geistigen Welt und ihrer Schöpfungen. Dieses Organ weckt eine besondere Weltsicht. Indem man sich in sie einlebt, gewinnt man jenen Blick, dessen man bedarf, wenn man in der heutigen Zeit bestehen will.

*

Worte Sophias dazu:

Ich unterweise euch. Aber nur, wenn ihr euch euren Tiefen anvertrauen lernt. Ihr seid tief. Das heißt, ihr könnt an und in euren inneren Welten lauschen und Erfahrungen machen, die den Erfahrungen der äußeren sinnlichen Welt in nichts nachstehen. Diese inneren Welten sind euch aus der geistigen Welt verliehen und in eure Verantwortung gelegt worden. Sie sind Augen der Götter. Behandelt euer inneres Leben wie Augen der Götter. Eure Gedanken sind Götteraugen. Ihr könnt durch sie schauen und werdet geschaut. Eure Seele ist ein Auge. Alle eure Wesensaspekte sind Augen, die in beide Richtungen schauen, von eurem Ich zu den Göttern und von den Göttern zu eurem Ich.

Meine Aufgabe ist es, eure inneren Augen zu hüten. Aber ich kann das nur mit euch zusammen. Ihr könnt diese Augen ablehnen, negieren, schließen. Oder ihr könnt sie öffnen, bejahen und anneh-

men. Nehmt sie an und pflegt sie. Das erleichtert meine Arbeit. Ihr dient damit den Aufgaben, die mir anvertraut sind. Meine Aufgabe ist es, euch geschwisterlich die Hülle, die Gaben und das Licht zu verleihen, die ihr nötig habt, um eure Erdenaufgaben zu erfüllen. Deshalb mein Herabstieg in eure Welten. Ihr findet mich vor allem in eurem Innern. Dort bin ich, wenigstens anfänglich, denn mein Herabsteigen in eure Welten hat erst begonnen. Ihr habt mich längst empfangen, aber jenseits eurer bewussten Erfahrung. Eure Weisheitsseele hat sich längst mit meiner vereint. Darauf könnt ihr bauen. Darauf könnt ihr euch verlassen, dass der Grund gelegt ist, auf dem ihr mir nahe sein könnt.

Jede und jeder von euch darf mich auf eine andere, auf seine Weise erleben. Ihr müsst euch diesbezüglich gegenseitig nichts vorschreiben. Denn ich komme in der Stille, die nur derjenige bemerkt, der sich auf sich selbst besinnt. Eure Teilhabe an mir ist von der Teilhabe anderer Menschen vollständig unabhängig. Religion, Priesterschaft, äußere Rituale sind mir fremd. Im Äußeren bin ich nicht zu treffen. Selbst ihr schaut mich an dem einen Tag so, an einem anderen so und an einem dritten so. Ich habe viele Gesichter und Dimensionen. Nicht darauf kommt es an, mich auf eine bestimmte Dimension oder ein bestimmtes Wesensmerkmal festzulegen. Der richtige Weg ist, die Fülle und den Reichtum meiner Vielgesichtigkeit zu begreifen.

Wundert euch nicht, wenn ich euch mal so und mal so und dann wieder anders erscheine. Es ist meiner Vielfalt geschuldet. Meine Vielfalt ist keine andere als eure. Meine könnt ihr erleben, weil ihr ebenfalls vielfältig, vieldimensional und reich seid. An mir lernt ihr euch kennen. Das lege ich euch in die Seele hinein: «Die Vielfalt der geistigen Welt ist identisch mit der Vielfalt meiner Wesenheit.» Fühlt ihr das, seid ihr mir nahe. Und eine Zusammenarbeit hebt an, die ohne Grenzen ist.

· · · LAUSCHEN · · ·

Erfahrungen mit Engeln und Naturgeistern sind in unserer Zeit nicht ungewöhnlich. Viele Menschen machen sie. In vielen Fällen ereignen sich diese Begegnungen unvorbereitet. Sie können Überraschung, aber auch Bestürzung hervorrufen. Augenscheinlich wollen die Götter die Menschheit erreichen. Sie wünschen, dass wir ihre Botschaften vernehmen. Dabei richten sie sich an den einzelnen Menschen. Dass man ihre Botschaften vernimmt, liegt in vielen Fällen nicht daran, ob man sich dazu bereit fühlt. Eher ist es so, dass man nicht weiß, wie einem geschieht. Die Götter überraschen uns mit ihrer Gegenwart, ihrem ganz anderen, unfasslichen Wesen, mit ihrer ungewöhnlichen Weisheit. Ihre Gegenwart zu erleben kann zu jedem Zeitpunkt geschehen, in ruhigen Momenten, aber auch in bewegten, zum Beispiel wenn man sich mitten unter anderen Menschen befindet.

Mit den Göttern zu verkehren erlebt man zuerst vielleicht als eine besondere Auszeichnung, auch wenn man nicht weiß, wie man sie verdient haben soll. Dann erfährt man aber, dass die Götter die Menschen, denen sie erscheinen, nicht im alten Sinn auserwählen, sondern eher die Gelegenheiten nutzen, die sich ihnen bieten. Sobald ein Mensch ihren Welten aufgeschlossen ist, machen sie unmissverständlich auf sich aufmerksam. Dazu gehört allerdings der Wunsch des Menschen, mit der Welt der Götter zusammenarbeiten zu wollen. Dieser Wunsch, ihnen als Mensch begegnen zu wollen, wirkt unter den Göttern wie ein Ruf. Er ist für sie eine Aufforderung, das alte Band zwischen den Welten wieder zu erneuern. Wer sich darauf einlässt, mit den Göttern zusammenzuarbeiten, wird erfahren, dass damit nicht nur beglückende und erhabene Erlebnisse verbunden sind, es kommen auch ungeahnte Widerstände auf ihn zu. Mit den Göttern zu verkehren ist nicht nur ein Spiel. Die Götter unterziehen den Menschen besonderen Prüfungen.

Die Zusammenkunft mit den Göttern vollzieht sich in der Stille der Seele. Der einzelne Mensch muss ganz mit sich ausmachen, wie er mit seinen ungewohnten geistigen Erlebnissen umgeht. Tunlichst wird er alle Andeutung vermeiden, die vor anderen darauf hinweist, was er in der Stille der Meditation und Hinwendung zu den Geistwelten und -wesen erlebt. Diese Scheu, das Schweigen über die eigenen Erlebnisse, ist richtig, stellt aber auch eine Qual dar. Denn es fehlt der Austausch, das Gespräch mit Gleichgesinnten. Es kann durchaus sein, dass man sich für den einzigen Menschen hält, der solche Erlebnisse hat. Das wird sich aber als ein Irrtum erweisen. Wenn die Zeit reif ist, wird man Menschen begegnen, die einen verstehen, weil sie Ähnliches erleben. Vorsicht ist auf jeden Fall geboten, nicht zur Unzeit schon von seinen Erfahrungen Mitteilung zu machen. Man wird scheitern und vermeidbare Enttäuschungen erleben. Umso größer ist das Glück, endlich jemanden zu treffen, dem man sich anvertrauen kann.

*

Belauscht möchten die geistigen Geheimnisse des Lebens werden. Lauschen ist Loslassen von sich selbst. Dieses Loslassen sorgt dafür, dass die Reinheit, die die inneren Sinne ursprünglich haben, bewahrt wird. Der Weg, der zu den geistigen Geheimnissen führt, ist durch den Verzicht auf die bereits angesammelten Erfahrungen und Erkenntnisse gekennzeichnet. Je freier man sich von ihnen macht, desto treuer kann man der Wahrheit sein. Diese beruht nie auf Altem, sondern stets auf Neuem. Übersinnliche Erkenntnis suchen bedeutet, einen einsamen Weg zu wählen. Man wird sich von dem Überkommenen, Üblichen und Allgemeinen lossagen, weil man sonst eine Last übernimmt, die den Blick trübt. Das zu erkennen, was man schon erkannt hat und weiß, von dem man annimmt, dass es unbedingt wahr ist, kann nicht Ziel einer Erkenntnissuche sein. Persönliche Einschätzungen, Meinungen anderer, bereits errungenes Wissen verlieren ihre Bedeutung.

Der Geste des Loslassens ist eigen, dass jeder Moment ein Neuanfang ist. Damit vollzieht die Seele eine Lösung aus dem Zeitstrom. Sie erlangt eine besondere Macht über die Zeit, denn sie wird frei von ihr. Sie gehört ihr nicht mehr mit voller Ergebenheit an, sondern gewinnt die Fähigkeit, sich zeitlose, eigentlich ewige Momente zu erschaffen. Im selben Maße wie die Zeit verliert auch der Raum seine Geltung. Zeit und Raum werden überwunden. Das ist eine Voraussetzung für wahre Wesensberührung und Wesenserkenntnis. Sie ereignet sich jenseits von Zeit und Raum.

Damit ist verbunden, dass man die Leere ertragen lernt, die die Quelle allen echten Lauschens ist. Die Leere, die Stille, die Erwartungslosigkeit sind unbedingte und unverzichtbare Quellen des Lauschens. Man kann nun diese drei Quellen aufsuchen. Dazu äußert man den Wunsch, den Wesenheiten zu begegnen, die in der Leere, der Stille und der Erwartungslosigkeit wirksam sind. Es sind hohe Wesenheiten der Seele. Im Grunde sind es Götter. In der Meditation können sie sich offenbaren. Bedeutende Inspirationen gehen von ihnen aus.

Die Stille ist die Quelle des Einsseins der Seele mit der Welt. Mit ihr entsteht eine Leere, ein Raum, der anderen Wesen dient, dem Menschen von sich Mitteilung zu machen. Wenn die Stille zur Leere wird, öffnet sich das geistige Tor, das den anderen Wesen erlaubt, mit dem Menschen einen Umgang zu pflegen, durch den sie ihm ihr Innerstes anvertrauen können. Gesellt sich von Menschenseite Erwartungslosigkeit hinzu, verschwindet der letzte Widerstand, der dem anderen Wesen verbieten würde, frei und ohne Vorbehalte Auskunft von sich zu geben. Es wird sich ermuntert fühlen, dem lauschenden Menschen Botschaften zu übermitteln, die ihn bis in sein individuelles Sein berühren und betreffen. Ungeahnte Erkenntnisse und Antworten auf viele Fragen werden so möglich.

Diese hohen Seelenwesen sprechen von dem reinen und unverletzbaren Leben, das sie in sich tragen. Sich ihnen anschließen bedeutet, dieses reinen Daseins teilhaftig zu werden. Dieses Dasein ist die Voraussetzung dafür, das andere fremde Wesen in seiner Tiefe und Verletzlichkeit zu erkennen. Dieses Dasein ist in der Seele längst anwesend und wirksam. Es ist der Seele eingeboren, ist ihr Geheimnisgrund, ihre tiefe Wesenseigenheit und -kraft. Von den genannten drei hohen Seelenwesen geht die Gewissheit aus, dass der Mensch dieses reine Leben nicht verlieren muss. Er kann sich ihm widmen, sich ihm hingeben, es sich immer wieder aneignen. Diese Wesenheiten fordern ihn dazu auf, sich dieses Lebens der Seele aktiv zu versichern. Das zu tun ist ein Weg der Heilung. Sich an diese Wesenheiten wenden ist immer möglich. Sie stehen zu uns in einer Treue, die gilt, solange wir ihrer bedürfen. Mit ihnen wird wahr, dass sich jede Wahrnehmung, ob sie eine sinnliche, seelische oder geistige ist, als eine Mitteilung eines anderen Wesens in die Seele legt.

*

Die Seele kann still werden, sehr still, bis sie dem, was um sie ist, keine Widerstände mehr entgegensetzt. Sie kann zu einem treuen Spiegel werden jener Ereignisse und Themen, denen sich der Mensch zuwenden möchte. Dabei ist unwesentlich, in welchen Welten, den sinnlichen oder übersinnlichen, diese Ereignisse oder Themen beheimatet sind. Ob der Mensch dem Schlag einer Glocke lauscht, die leuchtenden Farben einer Blüte betrachtet, die Formen einer Landschaft, sich mit Menschenschicksalen befasst oder sich einem Baumgeist, einem Flusswesen oder dem Wesen eines Erzengels widmet, macht keinen Unterschied. Jedes Mal wird die Seele von einem Wesen berührt. Sie wird von ihm durchdrungen und kann sich von ihm belehren lassen und seine Botschaften empfangen.

· · · DIE SEELENSPRACHE · · ·

Mit jedem Wesen, dem wir begegnen, fällt ein besonderes Licht auf uns selbst. Jede Pflanze, jedes Tier, jeder Mensch, auch jedes Ereignis wirft ein zartes Licht in uns hinein. Jedes Wesen ruft aber auch einen Blick auf uns selbst hervor. Wir werden uns selber ansichtig unter dem Blick des anderen Wesens. Sein Antlitz beleuchtet auch uns. Deshalb können wir nie wissen, was geschehen wird, wenn wir unter einem Baum stehen, ein Tier beobachten, einem Sonnenaufgang beiwohnen oder einen Menschen treffen. Im anderen Wesen treffe ich immer auch auf mich. Besonders die Tiere sind Meister darin, unseren Blick zu erwidern und auf uns selbst zu lenken. Ihre Fremdartigkeit und Wesensgegenwart und ihre Gottesnähe setzen Zeichen, die wie stille Botschaften sind, die mitunter tief in die Seele fallen.

Auf dieses zarte, sich uns offenbarende Licht werden wir aufmerksam, wenn wir uns nicht allzu sehr von der Oberfläche der Dinge beeindrucken lassen. Seine ganze Leuchtkraft entwickelt es erst, wenn die Sinneseindrücke unsere Wahrnehmungen nicht beherrschen. Die sinnliche Welt ist transparent genug, wenn man ihr dazu die Gelegenheit gibt. Unser Bewusstsein kann diese Transparenz einfordern. Ruht man ausdauernd und aufmerksam bei einer Pflanze, zum Beispiel einem Johanniskraut, zeigt sich mit der Zeit der geistige Raum, den wir mit ihm gemeinsam haben. Zwischen dem Johanniskraut und uns erscheint ein besonderer Seelenraum, eigentlich ein Seelenland. Aber so ist es mit allem: mit jeder Naturstimmung, mit jeder Landschaft, mit jedem Menschen, jedem Tier. Sobald wir uns voller Hingabe dem anderen Wesen zuwenden, schließt sich dieser Raum auf. Was geistig zwischen ihm und uns ist, tritt in Erscheinung. So werden wir Schauende. Der sich öffnende Raum ist rein und licht, wenn unsere Motive dem anderen Wesen gegenüber rein und licht sind. Er fällt quasi auf uns zurück.

Doch wir müssen nicht meinen, dass nur wir Schauende sind. Denn die Wesen sehen uns. Wir werden von ihnen angeschaut. Jede Pflanze, jeder Kristall, jedes Tier schaut zurück. Begegnungen sind immer Mitteilungen von Wesen zu Wesen. Die Wesen der Erde schauen auf uns, um gehört, gesehen und verstanden zu werden. Sie teilen sich mit. Sie sind wissend, auch was uns betrifft. Sie wollen uns ihre und unsere Tiefen zeigen. Ihre Geheimnisse sind immer auch unsere.

*

Sophia wünscht, dass wir die Seele als ein Wahrnehmungsorgan annehmen und gebrauchen. Dazu sagt sie:

> *Lebe so, dass dir alles etwas sagt. Die Dinge und Wesen schweigen nicht, du wehrst dich nur, dich so weit zu ihnen hinzubewegen, dass sie als das, was sie sind und was sie wollen, vor dich hintreten. Die Botschaften der Pflanzen, Tiere, Kristalle, der Planeten und Sterne und der anderen Menschen sind persönlich. Sie sind auf dich gemünzt. Mit einem anderen Menschen sprechen sie anders. Pflege deinen Umgang in dieser Weise. Sie wollen dir etwas sagen. DU trittst vor einen Baum, legst dich unter ihn, schaust durch die Blätter ins Blau des Himmels. Du musst auf keinen Fall meinen, deine Subjektivität sei unbedeutend. Sie ist das Allerbedeutendste: Du bist es. Jeder Mensch ist Quelle eines einzigartigen Seins. Ihn sucht die Wesenswelt. Eine hohe weltbewegende Kraft ist der einzelne Mensch. Das Selbst ist das Kleinod der Erde, also dasjenige, das an dir ureigen, unwiederholbar und einzigartig ist.*

*

Von Sophia geht eine Sprache aus, die dem Unsagbaren mehr angehört als dem Sagbaren. Sophia spricht die Sprache der Seele. Sie will uns diese Sprache lehren, weil sie zu beherrschen in der zukünftigen Entwicklung des Menschen liegt. Mit einer Sprache der Zukunft wendet sich Sophia an uns. Sie zu erlernen gelingt nur aus den Kräften des Herzens. In ihr ist der Widerspruch von Erkennen, Fühlen und Handeln aufgehoben. Denn sie baut auf die Ureinheit, die unbedingte Geschwisterschaft aller Wesen. Tiere, Pflanzen, Mineralien und die Wesen der geistigen Welt sprechen durch sie. Wir haben diese Sprache verlernt, denn es ist uns aufgetragen, das begriffliche Denken auszubilden. Das heißt aber nicht, dass wir sie nicht wieder erwerben können.

Nur zu offensichtlich ist es, dass das begriffliche Denken an seine Grenzen kommt. Denn es stellt sich jenseits von Moral und Verantwortung gegenüber der Erde und den Menschen. Dieses Denken hat sich zu einem grausamen Tyrannen erhoben. Es herrscht statt zu dienen. Die Widersprüche unserer Kultur sind einem Bewusstsein geschuldet, das nicht bemerkt, dass unser Denken in der Geste der Entzweiung gefangen ist. Dieses Denken empfindet sich dem Gegenständlichen mehr verpflichtet als der wesenhaften Einheit des Menschen mit dem Dasein.

Ein Ende dieser Herrschaft kann nur eine Sprache herbeiführen, die von den weisheitsvollen Kräften des Herzens erfüllt ist. Sie schöpft aus Regionen der Seele, in denen noch das Wissen um die kosmische Herkunft des Menschen lebt. Sie ist die Sprache, die wir als die göttlichen Wesen sprechen, die wir sind. Sophias Unterweisungen stellen vor uns hin, dass es dort, wo wir Gott sind, kein einseitiges, kaltes, hochmütiges Denken geben kann. Dort sprechen wir die Sprache der geistigen Welten.

*

Jede Begegnung wird von einem verborgenen geistigen Unterstrom getragen. Er befruchtet sie jenseits allen spekulativen Denkens. Es ist ein heiliger, kristallreiner Strom. Er stammt aus der gemeinsamen

Herkunft der sich begegnenden Wesen. Seine Quelle liegt in ihrer gemeinsamen ursprünglichen Einheit. Abends können wir auf viele Begegnungen und ihre heiligen Wesensströme zurückblicken. Jede wird von einem Urstrom getragen. Es sind ausnehmend kräftige Ströme, auf die man auf diese Weise aufmerksam wird. Jede Begegnung mit einer Pflanze, mit einer Naturstimmung oder einem Menschen ist ein Wiedersehen und ein Wiedererkennen. Man nehme sich ein altes Buch vor. Es kann sein, dass es in einem früheren Leben eine wichtige Rolle gespielt hat. Indem man es in Händen hält, kann man den Strom, der zu ihm führt, empfinden, erleben und schauen. So ist es mit jedem Ding oder Wesen. Auf dieser Ebene findet, was entzweit erscheint, wieder zusammen.

*

Für Sophia hat diese Sprache eine große Bedeutung. Hier möchte ich ihre Worte dazu niederlegen:

> *Für meine Sprache sind Worte ungenügend. Sinn und Bedeutung kleidet ihr in Worte, um euch zu verstehen. Ich kleide Sinn und Bedeutung in Gesten, die sich euch in die Seele schreiben. Sie lassen sich nur schwer in Begriffe zurückübersetzen. Eher spreche ich in Stimmungen mit euch. Sie berühren euch wie Winde, die übers Land streichen, wie Düfte und Klänge. Sie können sehr milde sein, aber auch wüten und Stürme entfesseln, je nachdem. Lernt auf Worte zu verzichten. Zähmt euer Bedürfnis nach ihnen. Enthaltet euch ihrer aktiv. Dieses Zurückdrängen gibt neue Räume frei. Meine Weise, mit euch zu sprechen, ist auf diese Räume angewiesen. Sie ist vorbegrifflich. Je erfolgreicher ihr die Neigung zurückdrängt, Worte, Begriffe und Sätze zu gebrauchen, desto leichter werdet ihr euch auf mich einstimmen können. Ich gebe Zeichen. Aber sie ziehen an dem Denken vorbei, das sich auf Begrifflichkeiten verlässt. Das andere Denken ist eins mit der Seele. Die Seele*

denkt schöpferisch, krafterfüllt, eins mit dem Willen. Vertraut euch eurer tausendfarbigen Seele an. Damit entdeckt ihr euren ganzen Reichtum.
Nur frei von Vorstellungen ist eure Seele richtig gestimmt, um sich mir zu nähern. Schiebt diese Störenfriede auf die Seite. Auf dem Weg zu mir kommt ihr ohne sie aus. Meine Sphäre ist dort, wo euch kein Gedanke, keine Vorstellungen mehr stören. An ihre Stelle tritt die Gabe der lauschenden, lebhaften Empfindung. Da seid ihr nicht der Mensch, der sich ängstigt, der auf Meinungen beharrt, der recht haben möchte. Ihr seid jener Mensch, für den an erster Stelle die Hingabe steht. Er weiß, dass sie der Schlüssel der Erkenntnis ist. Er weiß auch, dass seine Seele gesegnet ist, denn die Gabe der Hingabe ist in ihr. Sie ist von den Göttern.

*

Sophia erweist sich als die Göttin des Unsagbaren. Sie möchte dem Unsagbaren sein ursprüngliches Gewicht wiedergeben. Mit den Tiefen und dem Reichtum des Unsagbaren beginnt Sophias Reich. Dort hüllen sich die Begriffe, die sonst in der Gefahr der Oberflächlichkeit stehen, in Schweigen. Sophia lehrt die Ursprache der Wesen und Dinge. In den zahlreichen verborgenen Kammern unserer Seele erklingt sie. Sie ist uns vertraut, mehr als wir uns zugestehen. Sie ist die Sprache unseres Seelengrundes. Er spricht mit allem. In ihm widerhallt und erklingt das Seiende. Sophia weist hin auf das dazugehörige übersinnliche Organ, um diese Seelensprache zu hören und zu sprechen. Ihre Worte dazu:

Ihr findet alles in euch. Alles erwacht in euch, alles, was um euch ist: die ziehenden Wolken, der dunkle abendliche See, der aufstrebende Baum, das wendige Tier und die blütenmächtige Pflanze. Die Seelensprache erklingt nicht draußen, sondern in euch. Ihr sprecht sie seit Urzeiten. Eure Seele hat Anteil an der Schöpfung.

Die Urbilder der Erde sind eure. Zeit und Raum sind mögliche Lebensformen, nicht die einzigen. Es gibt Lebensformen, die frei sind von Zeit und Raum. In ihnen herrscht die Unmittelbarkeit des Seins, die vollständige Gleichzeitigkeit aller Bewegungen, Richtungen und Impulse. Frei von den Beschränkungen von Raum und Zeit ist die Seelensprache. Sie ist eins mit den Urbildern des Seins, mit der ewigen Wirklichkeit.

Meine Gespräche mit euch haben ihren Ursprung jenseits aller Worte. Erwartet ungewohnte Botschaften. Ich spreche zum ganzen Menschen. Macht euch groß, wollt ihr mit mir reden. Werdet still, so still, wie es nur geht. Erwartet nicht, von dem, was ich zu euch sage, schon etwas zu verstehen. Denn meine Botschaften sind jenseits der bekannten Wege. Ich schreibe mich eurer Seele unverständlich ein. Erst allmählich erfasst ihr, dank der Gabe der Deutung, was ihr von mir vernehmt. Mein Jenseits ist jenseitiger, als ihr bisher vielleicht geahnt habt. Geht in euer Jenseitiges, dann wird euch meines nicht befremden. Erwartet nicht, zu verstehen, aber empfangt.

Meine Botschaften widerhallen in eurer Seele. Dieser Widerhall ist das Organ der Sophienerkenntnis. In ihm lebt meine Weisheit. Gewöhnt euch daran, im Widerhall eurer Seele ein Organ der Erkenntnis zu sehen. Dank ihm vertieft ihr euch in mein Wesen. Sich mir anzuvertrauen ist die Hingabe an den Widerhall, für den mein Wesen bei euch sorgt. Das Wissen und die Bedeutung kommen von selbst hinzu. Etwas Geduld ist nötig. Wissen und Bedeutung stammen aus den Untergründen der Seele. Sie steigen herauf. Ihr empfangt sie, wie so vieles andere auch.

Michael ist sehr kraftvoll. Sein weiches, liebevolles, warmes Licht berührt die Seele. Es belebt und stärkt die Seele. Er bietet es dem Menschen als gesund machende Gaben an. Wer sich diesem machtvollen Erzengel anvertraut, wird von ihm angenommen. Er kann sich wie eine Biene fühlen, die in einem Bienenstock lebt. Sie ist darin vollständig geborgen, behütet und geführt. Michael ist der Bienenstock der Menschenseele. Er gibt den Menschen sein friedvolles, besänftigendes und versöhnendes Licht. Damit werden die Wundschmerzen gelindert, unter denen der moderne Mensch leidet. Er ist der Sonnenengel, der das geistige Licht, von dem das sichtbare Licht der Sonne abstammt, der Seele des Menschen darbietet. Sein Tempel liegt in dem Licht hinter dem offensichtlichen Licht. Gibt man sich Michael hin, findet sich der Weg zu ihm. Im sinnlichen Licht liegt die Spur, die gelegt ist, um Michael zu begegnen.

Michael tritt als Seelenbegleiter auf, wenn der Mensch nach Wahrheit strebt. Michael möchte zeigen, dass wir auf dem Pfad zur Wahrheit sind, wenn wir uns mit den geistigen Wirklichkeiten des Daseins bekannt machen. Wer das wünscht, kann auf Michael zählen. Michael ist beauftragt, dem Menschen die Mittel an die Hand zu geben, die ihm erlauben, die geistigen Welten gefahrlos zu betreten und zu bereisen. Er ist Seelenführer und Lehrer. Die hohen Wesen der Sonne, ihr Licht, ihre Wesensfülle, ihr prächtiges Leben wirken durch ihn auf den Menschen. Dank Michael kann sich die Seele in diesem Licht sonnen, kann gesunden und seine heilenden Kräfte aufnehmen. Es ist möglich, Michael darum zu bitten, an die Gaben dieses Lichtes herangeführt zu werden. Er weist eine Frage, einen Wunsch, den ein ehrliches Herz an ihn richtet, nicht zurück. Sich ihm anvertrauen bedeutet für die Seele einen Zugewinn an Sicherheit. Zwar sind die Zeichen, die er gibt, zart, aber sie können nur zart sein, denn Michael weist uns nur auf das Licht hin, nicht mehr. Er kann uns nicht gegen unseren Willen führen. Denn gerade der freie Wille ist ein hohes Gut.

Als Sonnenengel macht Michael die Seele auf das Wesen der geistigen Sonne aufmerksam. Er bietet ihr an, sich diesem Wesen hinzugeben. Er bereitet sie aber auch darauf vor, der geistigen Sonne widerstehen zu können, denn es braucht Widerstandskraft, ihr Wesen zu ertragen. Michael möchte den Menschen davor bewahren, sich zu viel zuzumuten. Er möchte, dass der Mensch das heilige Maß findet. Dazu ist aber eine genaue Selbstbeobachtung notwendig.

*

Der Erzengel Michael ist ein Fürsprecher Sophias, er steht dicht neben ihr. Der übersinnlichen Wahrnehmung zeigt sich ihre enge Verbindung. Beide leiten die Geschicke der Erde und der Menschheit, wenn auch auf verschiedene Weise. Michael ist der Zeitenengel. Ihm obliegt, den Menschen zu vermitteln, worin ihre Aufgaben in der jetzigen Zeit bestehen. Wie Sophia steht er dem einzelnen Menschen nahe. Die Wege zu Michael sind kurz. Doch er ist still.

Michael und Sophia sind vereint. Der Seele zeigen sie sich als ein Paar. Die tiefe Verbundenheit und Einheit zwischen Michael und Sophia sind beeindruckend. Michael dient Sophia, indem die Seele durch ihn verstehen kann, was Sophia ihr mitteilen möchte. Michael offenbart die Weisheitsfülle Sophias. In ihm findet ihr Wesen einen klaren Ausdruck. Sie spricht durch Michael. Scine Wesensoffenbarungen sind immer auch Wesensoffenbarungen Sophias.

Sophia lässt sich aus dem heraushören, was sich durch Michael der Seele offenbart. Durch die Offenbarungen Michaels Sophia zu erfahren, führt zu einem lebhaften Bild der Einheit, die Sophia und Michael bilden. Sie leuchtet durch die Offenbarungen Michaels hindurch. Sie leuchtet aber auch durch sein Wesen. Indem man seinem Wesen begegnet, begegnet man dem Wirken Sophias.

Michaels leuchtendes Wesen dient Sophia als umhüllendes Kleid. Es erlaubt der Seele, Sophia leichter zu fassen. Die starken lichtvollen Formkräfte Michaels bilden eine lebendige Brücke, auf der die Menschenseele zu Sophia schreiten kann. Michaels prägende Kraft dient Sophia, vor die Seele des Menschen zu treten.

*

Michael wird traditionell mit bestimmten Attributen dargestellt. Dazu gehören Schwert, Schild, Waage und Lanze. Diese Attribute lassen sich vor das innere Auge stellen. Ihre meditative Betrachtung bietet die Möglichkeit, das jeweilige Wesen der einzelnen Attribute kennenzulernen. Dadurch begreift man, aus welchen Gründen sie zu Michael gehören. Man kann auch so vorgehen, dass man sich die Attribute von Michael zeigen lässt. Man fragt ihn, ob er dazu bereit wäre, einem das Wesen der Attribute zu offenbaren. Michael hat ein großes Interesse, dass wir die Bedeutungen der Attribute verstehen, denn seine Wesenheit kommt in ihnen aufgefächert zur Erscheinung. Sie dienen der Erkenntnis seiner Wesenheit. Man kann nun so weit gehen, Michael darum zu bitten, dass er einem eines seiner Attribute in die Hand gibt. Man bietet sich als Träger an. Dadurch sind tiefe Erfahrungen möglich. Am eigenen Körper empfindet man die Wirkungen der Attribute.

Hier folgt ein Spruch, der als eine Bitte an das Michaelwesen zu verstehen ist:

O Michael
anrufe ich dich
Sonnenwesen
Seelenerleuchter
Wesenskraft schenkender
Gott
sei mir nahe

dein Saum umfange mich
dein Licht durchdringe mich
dein Sinn erhebe mich
dein Name durchklinge
Seele Ich und Leib

Du bist uns gesandt
aus Welten die auch unsere sind
vereine mich mit meiner Kraft
meinem Wesen
meinem Selbst
damit die Schritte auf Erden
meine wahren werden
mit denen sich erfüllt
was aufgetragen mir
was gewählt von mir
und aus zurückliegenden Zeiten
Zukunft erfüllen möchte

*

Als eine kosmische Wesenheit hat Sophia vielfältige Beziehungen zu den Wesenheiten der geistigen Welten. Ihre Beziehung zum Erzengel Michael ist eine unter vielen. Das bedeutet für den Menschen, der sich Sophia anvertraut, dass er mit ihr eine Führerin hat, die ihn den Wesenheiten der anderen, der höheren Welten näherbringen kann. Sophia pfadet den Weg der Seele in die geistigen Welten. Ihr Einssein mit dem Kosmos bietet sie dem Menschen als ein Organ der Erkenntnis an. Sophia dient der Seele bei deren Suche nach Wesenserkenntnis. Der Mensch darf diesen Dienst annehmen, der darin besteht, ihm Wege in die geistigen Wesenswelten zu eröffnen. Sophia gewährt Einblicke, die ihm sonst verborgen blieben.

Wie zu Michael steht sie auch zu den anderen Erzengeln in einem bestimmten Verhältnis. Sie lässt sich auch zu Uriel, Raphael, Gabriel und den anderen Erzengeln befragen. Sophia steht zu jedem Geistwesen des Kosmos in einem besonderen Verhältnis. Dieses lässt sich mit ihrer Hilfe erlauschen und finden und erkennen. Damit ergeben sich Wesenserkenntnisse, die den kosmischen Wesen gelten. Sophias Einssein mit dem Kosmos ist ein Organ der menschlichen Wesenserkenntnis.

· · · GEBET AN SOPHIA · · ·

Uns gehört der Weg der Mitte zwischen Erniedrigung und Überhöhung. Sich um diese Mitte zu bemühen macht die Kräfte erfahrbar, mit denen wir die Entwicklung der Erde und des Kosmos befruchten können. Segnen gehört zu diesen Vermögen. Indem wir segnen, üben wir zukünftige Kräfte aus, die schon in ihren ersten Formen da sind. Segnen ist eine urmenschliche Geste. Um sich ihr anzunähern und ihre Wirkung zu erfahren, dient der folgende Spruch. Mit ihm können wir auf den Wesenszusammenklang aufmerksam werden, der zwischen Sophia und uns besteht. Er bietet aber auch die Möglichkeit, Sophia gegenüber unsere Hochachtung und Dankbarkeit zu erweisen.

Sophia

verzeih
mein unhöfliches Drängen
meine unüberlegten Fragen
meine Dumpfheit
mein Zurückschrecken
meinen Unglauben
meinen Mangel an Vertrauen

Ich werde an ihnen lernen
mich dir würdig zu erweisen
Einende
Versöhnende
Zukünftige
Erdenträgerin
Seelenkönigin
Weisheitsmutter

Vor dich lege ich hin
mein vollkommenes Wesen
Anteil hast du an ihm

Segnende empfange meinen Segen
Glückselige empfange mein Glück
Lichtvolle empfange mein Licht

II
SOPHIAS WESEN

· · · VIELNAMIGE · · ·

Sophia steht jenseits des Begrifflichen. Worte genügen nicht, ihr Wesen zu beschreiben. Denen, die über sie schreiben, ist anzumerken, wie sie mit Worten ringen. Mit Recht kann man Sophia die Vielnamige nennen. Sie lässt sich nicht auf einen Namen festlegen. Sie ist nicht nur die Weisheitsvolle, sie ist mehr, viel mehr. Sie ist die vielerscheinende Gottheit. Wer in den Weisheitsbüchern Salomons, bei Hildegard von Bingen, Jakob Böhme, Wladimir Solowjow, Pavel Florenskij, Rudolf Steiner, Caitlin Matthews, Susanne Schaup, bei Estelle Isaacson und Signe Eklund Schaefer liest, findet von Sophia Namen über Namen. Er wird dagegen ankämpfen, sich von den Beschreibungen verwirren zu lassen. Mit der Zeit habe ich begriffen, dass es Sophia selber ist, die für diese Verwirrung sorgt. Über sie schreiben heißt, Zeugnis davon ablegen, dass ihr Wesen vielnamig ist. Sophia ist flüchtig. Sie ist nur der unmittelbaren Erfahrung zugänglich. Die Wahrnehmungsorgane, ihr Wesen zu erfassen, bilden sich noch. Erst indem wir Sophia begegnen, lernen wir, ihr zu begegnen.

Sophia gerecht werden heißt, sie nicht mit den Namen gleichzusetzen, die ihr zugeschrieben werden, sondern ihr Wesen durch die Namen, die sie annimmt, hindurchscheinen zu lassen. Sophia zeigt sich in verschiedenen Gottheiten. In Isis, Gaia, Athene, Persephone, Holle und vielen anderen tritt sie in Erscheinung. In jeder Gottheit verkörpern sich Aspekte ihres Wesens. Sophia wirkt durch diese Gottheiten, um den Menschen zu begegnen und unter ihnen wandeln zu können. Sie macht auf sich aufmerksam, um den Menschen nahe zu sein, an deren Seite zu stehen und ihren Einfluss geltend machen zu können.

Das Wesen Sophias lässt sich in dem Maße erkennen, wie sich die Seele von den Bindungen löst, die sie an starre, überkommene und einengende Muster und Formen bannt. Ansonsten kann der freie Blick auf Sophia kaum gelingen. Die Seele hat das Verlangen nach diesem freien Blick. Sie möchte nicht gebunden sein. Sie sucht die freie Äußerung, die Vielfalt, den Farbenreichtum. Die Welt möchte sie als ein vielseitiges, reiches Wesen erleben. Je vielfältiger die Schattierungen ihrer Eindrücke und Erfahrungen sind, umso leichter wird ihr. Von Natur aus liebt sie die Farben, die Formen, die Gelegenheiten und Möglichkeiten. Voller Lust auf Erfahrungen und frei von allen Beschränkungen zu sein, ist der Seele ureigen.

Es ist eine sinnvolle Meditation, sich der äußeren und inneren Fesselungen bewusst zu werden, denen die eigene Seele unterliegt. Man ist gefesselt, aber fesselt sich auch selbst. In der Meditation lassen sich diese Fesselungen und ihre Ursachen und Wirkungen erforschen. Indem die Seele wesensfremden Strukturen und Ordnungen unterworfen ist und sich ihnen unterwirft, erliegt sie Äußerem. Das hindert den Menschen, sich, seinem eigenen Wesen, zu folgen. Je mehr man die Fesselungen ablegt, desto klarer tritt das Selbst hervor. Und für dieses Selbst ist ein Name allemal zu wenig. Die Vielfalt, die Farben und Fähigkeiten, das Potenzial der eigenen Wesenheit sind unerschöpflich. Indem der Mensch einfühlsam aufspürt, was die Seele beherrscht, was ihr widernatürlich ist, sie beschränkt und einengt, wird er das Bild des Wesens, das er jenseits dieser Beschränkungen ist, immer deutlicher schauen können. Er erlaubt sich, sich in die eigenen Weiten auszudehnen und die Fülle seines Wesens zu entdecken. Offenbar wird, dass man ähnlich vielnamig ist wie Sophia.

An diesem Punkt kann sich die Erfahrung einstellen, dass jenseits aller Fesselungen, Einschränkungen und Einseitigkeiten ein besonderes Wesen der Seele existiert. Es ist die kindliche Seele, das Seelenkind. Als Folge der vorgenannten Meditation tritt es vor das innere Seelenauge. Sein lichtvolles, unschuldiges Wesen erscheint vor dem Seelenhintergrund als eine eigenständige Wesenheit. Ihm sind keine Beschränkungen auferlegt. Es ist der göttlichen wie der sinnlichen Welt hingegeben, denn niemand hat mehr Wahrnehmungslust und mehr Interesse an der Erde und der geistigen Welt als das Kind, als die kindliche Seele. Sophia steht zu diesem kindlichen Wesen in einem besonderen Verhältnis. Sie hütet es. Sie ist mit ihm vereint. Darstellungen der Madonna mit dem Kind finden im Verhältnis Sophias zum inneren Kind ihren tieferen Sinn. Man kann diese Bildnisse deshalb als einen Hinweis auf das Geheimnis der Vereinigung der Menschenseele mit der Wesenheit der Sophia lesen.

*

Vielfältig sind die Weisen, mit denen sich Sophia, die Vielnamige, dem Menschen nähert. Jeder und jedem traut sie eine eigene Weise zu. Es ist nicht nötig, sich im Voraus auf eine festzulegen. Leichter ist, sie zu erwarten wie einen Zufall, wie eine glückliche Begegnung oder einen überraschenden Anlass. Sophias Weite und Grenzenlosigkeit würden leiden. Sie würden den Menschen auf ihm zwar vertraute, aber in Wahrheit falsche Fährten locken. Sophia weist den Menschen ins Offene, nicht um ihn zu verwirren, sondern um ihn zu verwandeln.

Sophia stellt Fragen an das innere Leben. Sie fragt, ob der, der sie kennenlernen möchte, wirklich dazu bereit ist, ihr zu begegnen. Denn das bedeutet Unannehmlichkeiten, nämlich die Einwilligung, nicht derselbe bleiben zu wollen. Dass sie auf diese Weise streng sein kann, soll nicht darüber hinwegtäuschen, dass sie gegenüber dem Menschen voller Güte und Geduld ist. Unnachahmlich wohlwollend beantwortet sie dem Menschen seine Fragen. Sie verzeiht ihm, was ihm sonst niemand verzeihen würde. Sie lässt nicht nach, zu wiederholen, was sie für den einzelnen Menschen als wichtig erachtet. Ihre bevorzugte Sprache sind lebendige

Bilder, unbekannte Gefühle, ungewöhnliche Körperzustände, leise Ahnungen und überraschende Schicksalsereignisse. Sie lässt die Menschenseele an der Vieldimensionalität, die ihr eigen ist, teilhaben.

· · · SPENDERIN KOSMISCHER · · · HARMONIE

Unendlich sind die Gaben Sophias. Durch sie strömt ein besonderes kosmisches Leben. Sie ist Quelle der heiligen Ordnung der Erde und unseres Daseins. Die Wirkungen und Schöpferkräfte ihres Wesens treten in jedem kleinsten Detail des irdischen Lebens hervor. Ihre heilige Ordnung ist unverkennbar jeder Zelle, jedem Wassertropfen, den Entwicklungsgängen jeden Wesens, aber auch den großen Rhythmen von Tag und Jahr eingeschrieben. Kraftvoll trägt uns ihr weisheitsvolles Dasein. Anschaubar, wahrnehmbar liegt es vor uns. Wir sind als leibliche, seelische und geistige Wesen Teil dieser Weisheit. Die Gaben Sophias sind offensichtlich.

*

Sophia ersucht uns, sich mit den Kräften der Harmonie vertraut zu machen. Diese zu erleben heißt, Sophia zu erleben. Um sich Sophias Wesen anzuvertrauen, ist es ein Weg, die wirkenden Kräfte der heiligen Ordnung des Daseins in das eigene Erleben aufzunehmen. Es ist ein leichter Weg, denn diese Kräfte sind mit einer überwältigenden Klarheit überall wirksam. Sie sind in jedem Moment und Wesen anschaubar. Sie wirken als die Gesetze von Raum und Zeit. Jedes Wachstum, jede Entwicklung unterliegt ihnen. Sie betreffen ebenfalls den Menschen. Heilige Gesetze sind der Garant unserer Existenz. Die Weisheit unseres lebendigen Organismus ist grandios. Er steht uns selbstlos zur Verfügung. Sein weisheitsvoller Dienst begleitet uns das gesamte Leben. Ebenfalls ist unsere Seele weisheitsdurchdrungen. Denken, Fühlen und Wollen sind Offenbarungen hoher Weisheit. Auch unsere Bewusstseinskräfte sind es.

Diese allseitige wirksame Weisheit ist kosmischen Ursprungs. Sophia ist ihre Trägerin. Die Wirkungen dieser weisheitsvollen

Ordnung in der sinnlichen Welt zu bemerken und anzuschauen ist das eine. Nun kann man sich diesen Wirkungen auch auf meditativem Weg nähern. Dazu richtet man seine Aufmerksamkeit mit den Seelenkräften der Hingabe auf diese Wirkungen. Mit der Gabe der Empfindungsfähigkeit ertastet man dasjenige, was man zuvor in der sinnlichen Welt als Zeichen und Ausdruck der weisheitsvollen kosmischen Ordnung geschaut hat. Man tastet durch die sinnlichen Bilder und Erscheinungen der irdischen Welt hindurch und beachtet die Empfindungen, die sich darauffolgend einstellen. Dadurch gehen innere Welten auf. Sie sind Antworten der Seele. Denn die uns eingeschriebene Weisheit der Seele antwortet auf die in der physischen Welt wirksame kosmische Weisheit. Dieses Ertasten kann zu besonderen Gefühlserlebnissen führen, aber auch zu bewussten und gedanklich zu fassenden Einsichten. Es lohnt sich auf diese Weise, die Wesen des Lebensumkreises anzuschauen: die Pflanzen und Tiere, denen man begegnet, aber auch alle lebendigen Rhythmen, denen das Dasein unterworfen ist. Jede Naturerscheinung, der Wind, ein Sturm, das Licht von Sonne und Mond, Regen, jeder Fluss, jeder Berg eignet sich, um sich tastend und empfindend, also innerlich, den weisheitsvollen, die Erscheinungswelt bestimmenden kosmischen Kräften zu nähern. Indem man das tut, hält man Zwiesprache mit Sophia. Vielleicht findet diese Zwiesprache vorerst jenseits der bewussten Erfahrung statt. Das macht nichts, denn sie ist Vorbereitung späterer bewussterer Begegnungen mit der Sophienwesenheit.

*

Sophia legt uns ans Herz, Verantwortung für unsere innere Harmonie zu übernehmen. Dazu gibt sie allerhand Hilfestellungen. Wer sich ihr anvertraut, wird ihre Unterstützung bemerken. Dazu stellt sie das Bild des harmonischen, großen Menschen vor die Seele. Indem man ihr still entgegentritt, kann man ihre Tätigkeit bemerken, mit der sie den hohen, der Seele eingeschriebenen Menschen zu entschleiern sucht. Dieses lebendige Urbild ist der Geistgrund des Menschen. Sophia, die dieses lebendige Bild aus dem Urmeer des Geistes hervorhebt, wünscht, dass wir uns mit diesem Bild vereinen. Sie ist bestrebt, uns mit den kosmischen Kräften zu vermählen, durch die der Mensch erschaffen wurde und jeden Moment gebildet wird. Jeden Moment sind wir Ausdruck der im Kosmos waltenden Weltenharmonien. Wir sind es als leiblich-lebendiger Mensch. Wir sind es aber auch als seelische und als von einem Ich erfüllte Wesen.

Erlebnisse der hohen Kräfte, die den Menschen beleben und tragen, zeigen, inwiefern wir erschaffene Wesen sind. Sie zeigen sich aber auch, wo wir diese kosmische Weisheit zurückweisen. Als Wesen der Erde weisen wir diese Weisheit zurück. Wir sind dazu bestimmt, von dieser Weisheit abzuweichen. Wir können ihr widersprechen, sie verneinen, und stattdessen unsere eigene Ordnung an ihre Stelle setzen. Wo die kosmische Weisheit zurückgedrängt oder verneint wird, setzt der Mensch bedeutende Zeichen. Er entwickelt Wirksamkeit auf der Erde, die seiner Ordnung gehorcht. Technik, Soziales und Künstlerisches sind daran gebunden, eine andere als die kosmische Ordnung gelten zu lassen. Damit erwacht das schöpferische Potenzial des Menschen. Innere seelische Räume gehen auf, die der Mensch selbst hervorbringt. Sie sind Zeichen seines nach Freiheit strebenden Wesens. Aus sich in die Erdenbedingungen eingreifen kann der Mensch nur, wenn er eine Welt erschafft, in der er über den Einfluss der kosmischen Ordnung mitbestimmt.

Tritt der Mensch nicht in ein bewusstes Verhältnis zur kosmischen Ordnung, sind Willkür und Egoismus alle Türen geöffnet. Als schöpferische Wesen, die in einem gewissen Sinn aus der heiligen Ordnung des Kosmos herausgefallen sind, ist uns aufgetragen, die daraus entstehenden Widersprüche und Wunden zu heilen. Wir hinterlassen Wunden in der Schöpfung. Es liegt in unserer

Verantwortung, uns ihrer anzunehmen. Sophia steht als Menschheitsgöttin in dieser Beziehung recht nahe. Die Wunden, die wir der Erde, ihren Wesen und uns selbst aufbürden, entfernen uns nicht von Sophia, sondern wecken ganz im Gegenteil ihre Liebe zu uns. Als Göttin der Weisheit unterstützt sie uns, dass wir uns unserer Verantwortung stellen. Und sie zeigt wieder und wieder gangbare Wege der Heilung.

Sophia weicht nicht von der Seite der Menschheit. Tatsächlich ist ihre Nähe zu uns Menschen beeindruckend. Sophia weckt das Gefühl, dass ihr ganzes, ihr umfassendes Wesen uns wahrscheinlich auf lange Zeit verborgen bleiben wird. Man kann ihr Wesen vorerst nur erahnen. Sophia ist unermesslich und übersteigt unsere Wahrnehmungsfähigkeit bei Weitem. Von ihrem weisheitsvollen Wesen erfassen wir nur einen kleinen Zipfel, ein Zipfelchen. Zwar zeigt sich uns unser hohes Schwesterwesen nur in seinem ersten zarten Schimmern. Es leuchtet wie die Sonne, bevor sie über den Horizont tritt. Aber daneben fühlt man die unwiderrufliche Gewissheit: Sophia weicht nicht von unserer Seite.

Sophia offenbart sich als die kosmische Schwesternseele der Menschheit und begleitet diese auf ihren Erdenwegen als geistige Schwesternwesenheit. Immer wieder habe ich Sophia darüber sprechen gehört:

Ich bin immer bei euch, schon immer und in aller Zukunft. Ihr habt nie und werdet nie auf meinen Beistand verzichten müssen. Ich bin die hohe Seele der Menschen und der Erde. Die Menschheitsseele, die Erdenseele bin ich. Schwesterseele der Menschheit ist mein wahrer Name. Er ist nicht mein einziger, aber mein erster. Mich werdet ihr erst begriffen haben, wenn ihr euch ganz begriffen habt. Ich bin euch nicht in die Erdenverkörperung gefolgt. Es oblag euch. Eine physische Leiblichkeit zu erfüllen steht nicht in meinem Auftrag. Aber in eurem. Doch ich stehe so zu euch, dass kein Mensch mir nicht angehört. Alle seid ihr in meiner Wesenheit gegründet. Eure Schritte und Entwicklungen vollzieht ihr mit meinem Wirksamsein. Jene Kräfte, die ihr im Gang eurer langen Seinsentwicklung gewinnt, stammen von mir. Die geistige Substanz eures Bewusstseins ist eine meiner Gaben an euch. Lebendige geistige Ströme

gehen von mir zu euch, durch die ihr zu dem Bewusstsein erwacht, das euer irdisches Dasein trägt.
Mein Bewusstsein ist ein äußerst hohes. Es umhüllt und durchdringt die Erde und die Menschheit. Der Anteil, den ihr daran habt, wird euch offenbar werden. Er beginnt längst in euren Seelengründen zu dämmern. Er strebt danach, von euch gesehen zu werden. Ebenso stammt die Kraft der Harmonie eures Seelenwesens, über die ihr verfügt, von mir. Auch ist eure Aufrechte eine meiner Gaben an euch, aber auch eure Aufrichtigkeit, eure Wahrheitsliebe. Liebende seid ihr dank meines weisheitsvollen Wesens. Liebe beruht auf Weisheit. Weisheit strömt durch die Liebe. Die Liebe wandelt euch dahingehend, dass ihr euer Dasein aus der Weisheit, aus dem Weisheitsbewusstsein führt. Ich überlasse euch meine Weisheit. Ihr empfangt sie als Liebende. So reift ihr und so reift die Menschheit. Wenn ihr durch Niederungen, durch Schrecknisse, durch den Tod geht, lasse ich nicht davon ab, euch nahe zu sein, euch zu begleiten und zu bestärken. Mein Werk ist immer auch ein tröstendes. Ich tröste euch als hohe Seelenschwester. Nur zulassen müsst ihr es. Ich bewahre euch davor, dass ihr euch ausschließlich der Materie hingebt. Von mir empfangt ihr, was euch gegen die Macht der materiellen Welt und ihre Einflüsse erhebt. Ich verhelfe euch dazu, dass ihr ihr nicht verfallt. Ihr verfallt ihr nicht, weil jeder von euch eine Geistwesenheit ist. Damit habt ihr Anteil an meiner Wesenheit. Ihr seid aufgerufen, eurer Geistwesenheit zu vertrauen. Meine Weisheit, Liebe und Kraft gebe ich euch in dem Maße, wie ihr selbst euch darauf vorbereitet. Ihr müsst vorbereitet sein, sie zu empfangen. Empfangen könnt ihr mich nur aus den Kräften eurer göttlichen Natur. Der Gott in euch empfängt meine weisheitsvollen Gaben. Nur mit dem, der sich zu seinem Gottmenschen bekennt, kann ich mich vereinen und vermählen. Vor mir steht das Wesen der Individualität, das jeder von euch ist, als Stellvertreter der Menschheit. Ihr diene ich nur durch die Individualität.

Sophia ist keine Gottheit äußerer Tempel. Jeder kann sie jederzeit und an jedem Ort aufsuchen. Ihr Tempel liegt in der Seele. Sie wünscht keine Priester, aber den zu sich erwachenden Menschen. Als Schwesterwesen ist sie Schwester des einzelnen Menschen. Ihre Unterweisungen gelten keiner Gemeinde, keiner Gruppe, sie gelten der Wandlung des Ich. Dass keine Gründung einer Religion von ihr ausgeht, heißt, dass jeder ihre Nähe auf seine Weise erfährt. Jeder wird deshalb anders mit und von ihr sprechen. Gerade das macht es interessant, sich über die Erfahrungen mit Sophia auszutauschen. Vielleicht hört man einen anderen Menschen über etwas sprechen, was man bisher nur geahnt hat. Es zeigen sich unvermutete neue Aspekte ihres Wesens.

*

Sophia verteilt ihre Gaben unter den Menschen, aber sie prüft sie auch. Viele Schicksalsereignisse fallen darunter. Verlust von Fähigkeiten, Verlust von bisher überschaubaren und vorhersagbaren Verhältnissen, von Beziehungen zu geliebten Menschen, Verlust überhaupt von Sicherheiten gehören hierher. Sophias Prüfungen versetzen in unsichere Lebenssituationen, die Ängste auslösen. Sie veranlassen diejenigen, die von solchen Schicksalsschlägen getroffen werden, nach neuen Sicherheiten zu suchen. Für die Sicherheiten, für die bisher gesorgt war, müssen sie nun sorgen. Sophia veranlasst die Menschheit durch diese Prüfungen, nach einem neuen Gleichgewicht zu suchen. Sophias Prüfungen sollen die ureigene Kraft unseres individuellen Wesens entfachen. Wir werden dazu angehalten, aus den Kräften unseres individuellen Wesens ein gesundes Gleichgewicht gegenüber den irdischen Lebens- und Seinsbedingungen zu finden.

Verlust kann auch Verlust von Gesundheit bedeuten, sogar Verlust von Leben. Sophias Prüfungen bringen uns nahe an den Tod. Diese Erfahrungen vermitteln tiefe Kenntnisse. Sie versetzen in Erschrecken, in Ohnmacht und Angst. Aber sie führen weiter. Sie sollen letztendlich dem dienen, sich mit dem Tod zu versöhnen. Der Tod wird sich als des Menschen und seiner Entwicklung dienendes Wesen erweisen. Er ist ein wichtiger Begleiter des Menschen. Wenn er einmal vor der Menschheit in dem Licht erstrahlt, das ihm eigen ist, wird sie einen großen Schritt weitergekommen sein. Zwischen Sophia und dem Tod herrscht tiefes Einverständnis. Das Wesen des Todes erkennen heißt Sophia begreifen. Den Menschen mit dem Tod zu versöhnen gehört zu den Hauptaufgaben Sophias. Der Tod rüttelt am Ich. Was der Tod über den Menschen bringt, gilt seinem Ich. Angesichts des Todes erscheint das Ich in seiner Verletzlichkeit. Durch den Tod hat das Ich die Möglichkeit, über sich hinauszuwachsen.

Sophia lehrt die Menschheit, Erfahrungen an der Schwelle des Todes als solche anzuerkennen, die zum Wachstum, zur Entwicklung des Menschen beitragen. Den Tod annehmen heißt, sich seinen stillen und unscheinbaren Offenbarungen nicht zu verschließen. Der Tod ist ein Wesen, das zu schauen uns unsere Kultur nur ungenügend vorbereitet. Die Ereignisse des Schicksals, vor allem die schlimmen und niederschmetternden, sind Unterweisungen, die uns für das Wesenslicht des Todes wecken.

*

In der Meditation willentlich dem Tod zu begegnen, offenbart ihn als eine weisheitsvolle Wesenheit. Indem man den Wunsch an ihn heranträgt, sich zu offenbaren, wird man die Erfahrung machen, dass die üblichen Bilder, die man von ihm hat, nicht mit ihm übereinstimmen. Der Tod ist anders. Sein Wesen hat nichts von dem Zwielichtigen, dem Grausamen, das ihm angehängt wird. Unsere Kultur pflegt ein Bild des Todes, das ein Zerrbild seines Wesens ist. Sie blickt in seinen Schatten, nicht auf sein Licht. Für die übersinnliche Wahrnehmung geben sich das Wesen des Todes und Sophia als

Geschwister zu erkennen. Zwischen ihnen herrscht Eintracht. Ihre Verwandtschaft überrascht und erschüttert. Sie zeigt, wie falsch die Eigenschaften sind, die man im Allgemeinen dem Tod zugedacht hatte. Sophia erweitert das Bild vom Tod. Das geht so weit, dass wir uns von ihm unterrichten lassen können. Der Tod erteilt Unterweisungen über das geistige Wesen der Seele und über die menschliche Individualität. Diese Unterweisungen sind äußerst wertvoll. Während er zur Seele spricht, steht Sophia an seiner Seite. Sophia fordert den, der ihm lauscht, auf, gut auf das zu hören, was er zu sagen hat. Die Individualität des Menschen lässt sich nur mit dem Tod verstehen. Es ist eine Menschheitsaufgabe, seinen Beitrag zu erkennen und wertzuschätzen.

Wer ein Märchen über das Wesen des Todes lesen möchte, dem empfehle ich *Das graue Männchen* aus der Sammlung von Johann Wilhelm Wolf. Darin treffen wir auf ein graues Männchen, das sich unumwunden als der Tod vorstellt. Das ruft bei dem Bauern, mit dem es zusammentrifft, keinerlei Erstaunen oder Widerwillen hervor. Er bestellt es sogar als Taufpaten für seinen jüngsten Sohn. Als Lesende werden wir schließlich in das geheimnisvolle Schloss geführt, das der Tod bewohnt und in dem er die Lebensflammen der Menschen behütet. Mehr möchte ich hier aber nicht verraten.

· · · WORTGEWALTIGE · · ·

Sophia lebt im Wort. Das Wort ist geeignet, sich dem Wesen Sophias zu nähern. Sie ist dem schöpferischen, dem schaffenden Wort ergeben. Denn sie dient ihm, ist Dienerin des Weltenwortes. Deshalb führt das Wesen des Wortes zu Sophia. Wir dürfen uns nur von der äußeren Gestalt der Worte nicht blenden lassen. Indem wir der Blendung widerstehen, die die Worte auf uns ausüben, dringen wir in das Land Sophias. Der Schleier, der die Worte verhüllt, verschleiert das Wesen Sophias.

Das Wort macht uns zum Menschen. Es ist der Schlüssel zu uns und zur Welt. Kein Tier, keine Pflanzen und kein Mineral haben das Wort wie wir. Sie schmücken sich mit ihm in ihrem Aussehen und Erscheinen, in ihrer Substanz, sie zeigen es in den Farben und Formen ihrer Leiber oder in ihren weisheitsvollen Lebensrhythmen, aber in ihnen erklingen die Worte nicht, wie sie in uns erklingen. Wir verfügen über die Worte. Sie offenbaren, indem wir sie aussprechen, ihr Wesen. Diese Tat zeichnet uns aus. Wir sind das sprechende Wort offenbarende Wesen. Das erlegt uns aber auch auf, dass wir uns über das Wesen des Wortes kundig machen. Fragen drängen hervor: Was ist das Wort? Was erklingt in ihm? Welcher Welt oder welchen Welten gehört es an? Was nehme ich mit ihm auf und was, wenn ich einem Sprechenden zuhöre? Welches Band verbindet die Menschen als Sprechende und Hörende? Das sind nicht Fragen für schnelle Antworten. Sie wollen sorgfältig erwogen werden. Denn erst allmählich wird offenbar, dass die Worte Wege zu Sophia, der wortgewaltigen Gottheit, sind.

*

Jedes Wort ist eine Verhüllung. Ein Schleier liegt über dem zarten Leuchten, das von ihm ausgeht. Um es zu schauen, ist es nötig, den Schleier aufzuheben. Indem wir das Wort aussprechen und es in der Seele erklingt, begegnen wir seinem Wesen. Dabei zeigt sich, dass zu der äußerlichen, tönenden und klingenden Seite des Wortes sich andere, innere Seiten hinzugesellen. Wenn man an ihnen mit der Seele lauscht, offenbaren die Worte ihr anderes, ihr inneres Leben.

Um jedes Wort ist eine Aura, ein geistiges Gewand. Von seinem Auratischen ist es immer begleitet. Jedes Wort hat ein besonderes auratisches Gewicht. Manche sind federleicht, andere drücken wie eine Last. Es gibt farbenreiche und fade, ruhige und unruhige, leise und laute. Manche Worte sind mächtig, stehen da wie Kolosse, andere sorgen, indem sie sich anpassen, für die fließenden Übergänge. Nicht jedes Wort wird von jedem Menschen gleich wahrgenommen. Da ist viel Spiel, weil persönliche Erfahrungen an den Worten hängen.

*

Worte sind Jenseitige. Sie dienen uns, zu beschreiben, Gedanken zu fassen, Schlüsse zu ziehen, Einsichten zu gewinnen. Aber sie können mehr. Denn sie weisen immer auch auf die andere Welt. Ihr Urgrund zieht weite Kreise. Ihr geheimnisvolles Dasein spielt sich an der Grenzscheide zwischen den Welten ab, zwischen den sichtbaren und unsichtbaren. Bevor sie in uns erklingen, leben sie im Unsichtbaren. Geboren werden sie im Zwielicht. Zwar erklingen sie durch uns, sie bleiben aber Geschöpfe einer anderen Welt.

Jenseitige sind die Worte, wie wir auch, mit dem Unterschied, dass sie aus uns hervorgehen. Aber wir können nicht beanspruchen, ihre Schöpfer zu sein. Es ist etwas in ihnen, ein Atem, ein Licht, dessen wir nicht Herr sind. Die Worte steigen aus Sphären hervor, die schwer auszuloten sind. Es sind sphärische Wesen, Grenzgänger, wie die Farben, die mit Licht und Finsternis spielen, wie auch wir Grenzgänger sind zwischen Leben und Tod.

Worte sind Wesen, denen kaum Grenzen gesetzt sind. Ein Unendliches ist in jedem, neben dem das Bewusstsein sich kaum zu behaupten weiß. Was wir von einem Wort kennen, ist nur der Hauch seines vollständigen Wesens, ein vorläufiger Klang dessen, was es wahrhaft ist. Jedes Wort ist ein bedeutender Meditationsinhalt. In ihm lässt sich lange verweilen. Jedes Wort hat ein besonderes Nachspiel, seinen Nachklang. Die Stille, die folgt, sobald es ausgesprochen ist, führt auf die Fährte seiner weitverzweigten geistigen Existenz. Im Verklingen des Wortes ist seine geistige Existenz anwesend. Sein Nachklang erschließt sein höheres Wesen. Man kann üben, dem Verklingen der Worte zu lauschen. Das leitet hin zu ihrem Ursprung.

Solche und ähnliche Erlebnisse bereiten vor auf die Begegnungen mit Sophia. Sie machen die Weise, wie sich Sophia der Seele mitteilt, fühlbar. Sie stimmen ein auf ihr Wesen, an dessen Sprachgewalt wir uns erst allmählich gewöhnen.

*

Doch wir denken nicht nur in Worten, wir denken auch in Bildern. Wir träumen jede Nacht Bilder, aber träumen sie am Tag weiter, indem sich unser Vorstellungsleben in Bildern vollzieht und voranschreitet. Im Gegensatz zu den nächtlichen sind wir in der Lage, über die Bilder unseres wachen Vorstellungslebens zu verfügen. Wir haben Macht über sie, wenn auch keine vollständige. Denn Bilder haben Eigensinn. Sie haben ihre Gesetze. Das eine Bild ist gegenüber anderen nur durch eine dünne Membran getrennt. Manche bilden regelrecht Komplotte, Gruppen und Gemeinschaften, schieben sich beinahe ununterscheidbar übereinander und entwickeln dadurch eine Macht, der man sich nur schwer entziehen kann.

Bilder haben augenscheinlich ein besonderes Leben. In jedem ist ein Traum, eigentlich mehrere. Bilder wollen geträumt werden. Sie wollen in dem, der sie aufnimmt und von ihnen lernen möchte, neu entstehen. Was von ihnen ins Bewusstsein fällt, ist vorerst nur der Anfang eines Traumes oder Mythos, der anhebt, wenn man das Bild in der Seele wachsen und reifen lässt. Bilder sind Wege, die die Seele noch gehen kann. Sie sind nie fertig, nie abgeschlossen. Sie ermahnen den, der ihren Wesensgrund kennen möchte, alles abzustreifen, was ihn in irgendeiner Weise an das Bild bindet. Er muss vergessen, was ihm das Bild schon gesagt hat. Die Einflüsse, die es auf ihn ausgeübt hat, dürfen keine Rolle mehr spielen. Ansonsten versäumt er, ihm zu begegnen. Er darf sich ihm gegenüber so fühlen, als schaute oder erlebte er es das erste Mal. Die Stimmung des «ersten Mals» lässt sich hervorrufen. In ihr lebt der ungetrübte, reine Blick des Kindes. Das Kind gibt dem Bild ohne jede Gegenwehr nach. Dieser Blick befähigt, den Grund des Bildes zu schauen, das Leben zu entdecken, das in ihm ist, das unaufhörlich und untergründig durch das Bild heraufdringt und zur Seele spricht. Verzicht auf alles Bisherige ist die Grundgeste, durch die sich das Wesen der Bilder schauen lässt. Schweigen löst das Eigene, Urkräftige und letztendlich das Heilende, das in jedem Bild ist.

Sophia spricht bildgewaltig zur Seele des Menschen. Sie spricht in Bildern. Sich darin zu üben, sich von den Bildern leiten zu lassen, ihnen mehr zu gehören als sich selbst, ist eine Übung in der Sprache Sophias.

Sophia hütet die Erde. Schon immer wird sie als Mutter Erde verehrt. Von denen wird sie ersehnt und gesucht, die sich als die Liebenden der Erde empfinden und verstehen. Sie wollen nicht aufhören, ihr zurückzugeben, was sie von ihr empfangen. Auf das Opfer der Wesen der Erde und Sophias möchten sie mit ihren antworten. Sie empfinden sich als Jünger der Mutter Erde, als Kinder einer Göttin. Sie lieben den Morgen, weil er in seiner Zartheit vom Auferstehen der großen Mutter kündet. Sie lieben aber auch die Nacht, wenn der golddurchwebte Mantel Sophias über ihnen prangt und die Erde umhüllt. Sie wissen, wie wenig der Mensch aus sich selbst hervorbringt. Was er erzeugt, ist Frucht und Gabe der Erde, wie er selbst. Alle Erfindungen, selbst die Kunst, die Lieder und Gedichte der Menschen, die Tänze und Rituale und vieles mehr sind Gaben der Mutter Erde. Was der Mensch hervorbringt, gründet auf den Vorleistungen der Erde. Dies zu bedenken setzt ihn in ein wahres Verhältnis zur weisheitsvollen Schöpfung.

Auf meinen Spaziergängen im Wald oberhalb unseres Wohnortes komme ich bisweilen zu einem Weiher. Über ihm oder in seiner Nähe habe ich schon manches Mal die Gegenwart Sophias wahrnehmen können. Eines Tages, als ich still am Ufer saß, trat sie hervor, zeigte sich über dem Wasser und sprach:

Ich bin die Erde, die lebendige, alles erhebende, durchklingende, belebende Harmonie. In ihr trefft ihr auf mich. In der Harmonie des Seins findet ihr die Quelle, die eure durstigen Seelen an meinen Brunnen, an die Schale des Wassers des Lebens führt. Trinkt und labt euch am Sein, das euch umgibt, dann labt und heilt ihr euch an der Urmutter, dem urmütterlichen, ursprünglichen und ewig unschuldigen göttlichen Sein. Zur Hüterin dieses Seins bin ich berufen. Denn mein Sein und Wesen ist Vorbild jener Aufgaben, die eure sind und sein werden. Ihr könnt euch an mir, also am vielfältigen Sein der Erde orientieren. Der Erde harmonisches, weisheitserfülltes Wesen bin ich, und ihr tragt es in euch als den lebendigen Urquell eures Menschenwesens.

Was wir von der Erde empfangen, sind Gaben Sophias. Ihnen liegt Sophias ordnendes kosmisches Wesen zugrunde. Ob man eine Frucht kostet, ein Feuer entzündet, einen Berg besteigt, eine Wiese mäht oder süßen Honig genießt: Jedes dieser Ereignisse erinnert an die Gaben Sophias. Wir begegnen ihr vielfältig und ununterbrochen. Sobald man für die Gegenwart Sophias in den von Weisheit erfüllten allseitigen Naturprozessen erwacht, tritt ein, dass man sich ihrem Wesen außerordentlich nahe fühlt. Man fühlt sie durch alles Wahrnehmbare: im Rauschen des Windes, im Jagen der Schwalben, in den Farben und Formen der Blüten, in den geheimnisvollen stillen Samen und in vielem mehr. Man kann einige Zeit damit verbringen, auf diese Weise für das Wesen Sophias aufmerksam zu werden. Die Zeit wird einem nicht lang werden, denn man wird immer neue Dinge verstehen. Sophia schaut durch das Wirken der Natur auf uns, und sie schaut auch in uns hinein. Im Inneren unseres Wesens, das wir diesen Sinneserscheinungen entgegenhalten, lässt sich Sophia fühlen. Sophia ist ein Gast der Seele. Je mitfühlender wir um uns blicken, desto vertrauter wird uns ihre Gegenwart.

*

Sophia, die Weisheitsvolle, Mütterliche, steht den Wesen der elementaren Welt nahe. Die Elementarwesen schauen in ihr die Göttin der Erde. Sie ist Quelle ihres Daseins, und die höheren Wesenheiten unter ihnen wissen darum. Für Sophia sind sie jene Wesenheiten, mit denen sie die Wirklichkeit der Erde bis in deren physische Gestalt aufbaut. Die Elementarwesen sind Teil ihres Wesens als auch des lebendigen Organismus der Erde. Die Wesenheiten der elementaren Welt fühlen sich uneingeschränkt als ihre Kinder. Sophia ist ihre Lebens- und Sternenmutter. Sie leben in ihr und werden von ihr umhüllt, getragen und genährt, nicht anders, als wie der Mensch in der Zeit vor seiner Geburt von seiner Mutter umhüllt, getragen und genährt wird. Sophia ist die Mutter der Wesen der elementaren Welt. Unter den höheren Elementarwesen ist Pan einer der Geister, die dem geistigen Mutterwesen der Erde, Sophia, besonders nahestehen. Er ruht an bevorzugter Stelle ihres Wesens. Pan spricht zu den elementaren Wesenheiten der Berge, Bäume, Wälder, Felder und Gärten von Sophia. Pan hat bedeutende Aufgaben im Tageslauf. Seine Aufmerksamkeit ist den Rhythmen des Tages zugewandt. Das Innehalten am Morgen, Mittag und Abend, das sich in der Natur beobachten lässt, diese besonderen Zäsuren, während der Zeit und Raum miteinander geschwisterlich und eins sind, sind sein Werk. Er ruft die Wesen der elementaren Welt, die Geister der Erde und des Wassers, der Pflanzen, Tiere und Landschaften, die Luft-, Licht- und Wärmegeister in diesen Momenten zu einer gemeinschaftlichen Andacht auf, die immer auch Sophia gilt. Diesen Andachten konnte ich einen Spruch erlauschen, den ich hier wiedergeben möchte:

Göttin des höchsten Seins
SOPHIA
ruhend in dir
erfüllt uns alle Kraft
derer wir bedürfen
unsere Werke auszuführen
Aus deinen goldenen lichten Mänteln
gehen wir hervor
geht das Erdendasein hervor

Erdengöttin
Göttin des höchsten Sinns
nach dir richten wir uns
die heilige Ordnung
fällt uns zu von dir
erfüllt uns
lässt uns nicht schwanken noch wanken
auch in den Stürmen
die derzeit über die Erde rauschen

Heilige Göttin
unser Wohlklang
steige empor zu dir.

*

Eine göttliche Gabe schlägt man nicht ungestraft aus. Wir werden am Umgang mit den Gaben der Götter gemessen. Es hat für uns Folgen, ob wir die Gaben und Opfer der Götter annehmen oder zurückweisen. Daran, wie fremd solche Gedanken dem öffentlichen Diskurs sind, zeigt sich, wie lang der Weg noch ist, bis uns die Bedeutungen und Folgen unserer Eingriffe in die Erdennatur bewusst sein werden. Die Erde ist Sophias Leib. Was wir der Erde antun, tun wir Sophia an. Die Eingriffe, die wir aus purem Egoismus oder Gier an der Erde vornehmen, bereiten den Gottheiten ein Leid, das für uns höchstens erahnbar ist. Die Gaben der Götter nicht anzunehmen verursacht unter den Göttern, die ihre Werke aus Kräften der Weisheit und Liebe vollbringen, Irritationen und Schmerzen. Wir sind noch kaum in der Lage, uns von diesem Leid Vorstellungen zu machen. Wir würden einen tiefen Schreck davontragen. Deshalb können wir uns glücklich schätzen, vor dem Miterleben der Schmerzen, die die Götter empfinden, bewahrt zu sein. Sophias weiterführende Worte dazu:

Die Wunden, die die Menschen in den Götterwelten hervorrufen, sind ihnen verborgen. Ihr Schmerz nimmt sich dagegen gering aus. Den Schmerz der Götter könnte der Mensch keinen Augenblick ertragen. Er verginge. Die Folgen seiner Taten zu schauen wird ihm erspart, weil er sie nicht ertrüge. Was er der Erde, seinen Mitmenschen, den Tieren und Pflanzen, den Geistwesen der Erde antut, steigt als ein Schmerz auf, der sich vermehrt, je höher er steigt. Der Mensch ist davor geschützt, diesen Schmerzensweg mitzugehen. Je höher ein Mensch in seiner Entwicklung steht, umso eher ist er bereit, diesem Weg zu folgen. Er schaut, indem er den aufsteigenden Schmerzen folgt, das große Werk der Versöhnung und Heilung, das dem Menschen in Zukunft bevorsteht. Dieser aufsteigende Weg ist nur das eine. Denn ihm kommt aus den geistigen Welten ein anderer entgegen. Das ist der Weg des Verzeihens. Die hohen Götter reagieren auf den Schmerz, den sie empfangen, indem sie heilende Kräfte zu den Quellen des Schmerzes senden. Sie nehmen sich der Erde und des Menschen besonders an. Sie senden Kräfte des heiligen Aufstiegs, von denen die Seele des Menschen ergriffen werden kann. Der Mensch kann diesen heiligen Strom aufnehmen. Er kann sich in ihn hineinbegeben. Das aber ist das Geheimnis des heiligen Gral, o Mensch. Der Gral nimmt diesen Strom auf. Er sammelt sich in ihm und kann als das Wasser des Lebens von denen, die es wollen, getrunken werden.

Der Gral ist ein Weg zur Heilung. Er weckt das Bewusstsein für die Bedeutung der Opfer der Götter. Das Wesen des Gral macht für die Gaben der Versöhnung, die uns aus der geistigen Welt zukommen, empfänglich. Der Gral ist Zeichen der Weisheit und Liebe der Götter. Er weist auf die Fähigkeit der Götter, das Leid, das sie von uns empfangen, zu verwandeln und als Wasser des Lebens zu uns zurückströmen zu lassen. Die heilende Kraft des Grals ist Göttergabe. Sophia ist nicht Stifterin des Grals, sie erfüllt ihn. Der heilende, auf- und absteigende Gralsstrom geht durch sie hindurch. Sie ist eine seiner Trägerinnen.

Das Böse entfällt nicht dem Weisheitsleib Sophias. Sie legt ihren Mantel auch über das, was sich aus dem Göttlichen herauslöst, um ein eigenes Reich zu begründen. Jene göttlichen Wesen, die am Ursprung des Bösen stehen, umfängt sie. Sie entzieht ihnen ihre Weisheit nicht. Sie anerkennt sie als ihre Sprossen und Kinder und Geschwister. Das Böse hat Einlass in uns gefunden. Wir Menschen stehen in der Auseinandersetzung mit dem Bösen. Wir sind mit ihm verschwistert, denn es ist Teil und Glied unseres Wesens. Sophias heiliges Bestreben ist es, das Böse wieder zurückzuführen an seinen Ursprung, dorthin, wo es entstand, um es dort mit der ursprünglichen Schöpfung zu vereinen. Wem das ebenfalls ein Anliegen ist, steht Sophia von Natur aus nahe. Das Böse davon zu heilen, böse sein zu müssen, ist Sophias tiefer Wunsch. Es zu bekämpfen befreit es nicht aus seinem Bann. Sophias Weisheit umhüllt Böses wie Gutes. Ihre Liebe macht keine Unterschiede.

*

Sophias Weisheit zieht weite Kreise. Sophia ist im Kosmos beheimatet und in jedem Detail der physischen Welt. Alles ist ihr Träger, wird von ihr durchdrungen, belebt und erhoben. Auch wir sind Träger der Weisheit Sophias. Ohne Ende sind die Zeichen, die ihr weisheitsvolles Wesen setzt. Unser Leib ist sophiendurchdrungen, sophienbelebt und sophienerhoben. Unsere Seele ist es und unser Geist, unser Bewusstsein. Unser Denken knüpft an Sophias Weisheit an, denn es ist ihr Zeichen, Bild und lebendiger Ausdruck. Ihre heiligen, sternendurchwobenen Mäntel falten sich zusammen und senken sich tief in uns hinein. Sie haben ihre Spuren hinterlassen, die sich durch die Methode der Meditation finden lassen. Wir können ihre Mäntel und ihre Einflüsse suchen und auffinden. Wir können schauen, wie Sophia im Leben jeder Zelle unseres Körpers wirksam ist, wie unser Fühlen durchtränkt ist von Sophia, wie sie unser Wollen erheben möchte und unser Denken auf sie gegründet ist. Bis in unser innerstes Wesen, unser Ich, sind wir Sophias Kinder und Geschwister. Das Ich ist der Punkt, von dem die Geste ausgeht, mit der wir uns Sophia anvertrauen können. Im Ich sind viele Gesten, die zu Sophia führen. Wir können in unserem Ich diese Gesten finden, die Stimmungen, die Neigungen, die Wünsche, die uns mit Sophia vereinen. Von dort strahlen zahlreiche Sophien-Wege aus. Das Ich trägt den Siegel Sophias in sich.

*

Sophia heilt. Angetreten hat sie ihr Amt für die Erde und den Menschen unter dem Stern der Heilung. Sie tritt neben alles Wunde, Entblößte, Verzweifelte. Ihr kosmisches Wesen verleiht der Erde und den Menschen die Heilung, derer sie unbedingt bedürfen. Der Erdenweg führt unweigerlich durch den Schmerz. Sophia ist dem Menschen, der die Länder des Leids und der Schmerzen durchmisst, als die Ausgleichende an die Seite gestellt. Sie zeigt ihm die Früchte, die aus jeder Leiderfahrung erwachsen. Sie verleiht die Gewissheit, dass kein Leid die Macht hat, Sophia, die Hoffnung und Heilung Bringende, und den Menschen zu entzweien. Die Treue Sophias ist unermesslich. Sophia verspricht dem Menschen, dass sein wahres Wesen durch alle Entbehrungen, alle Ängste und durch alle Verzweiflung hindurchschreiten kann. Sie sagt:

> *Dein hohes göttliches Wesen ist dir nicht zu nehmen. Die Finsternis hat darauf keinen Zugriff. Denn es steht in meinem Schutz für alle Zeiten. Für dein Wesen habe ich mein Amt angetreten. Ihm verhelfe ich zu dem Leben, das ihm eingeboren ist. Falls ihr es erlaubt. Denn angewiesen bin ich auf eure Erlaubnis. Sobald ich sie habe, kann ich euch schützen und kann euch in die Geheimnisse des Seins*

einführen. Zu ihnen gehört das Leid hinzu. Die Erde ist ein Planet des Leids und der Liebe. Die Liebe ist aus Leid geboren, sonst ist sie nicht diejenige, die ihr der Welt gebt. Dafür stehe ich ein.

*

Sophia gibt Unterweisungen zum Wesen der zweiten Geburt. Diese Geburt nimmt ihren Anfang, sobald man sich dem Schmerz, den Wunden und Verletzungen stellt, die einem das Schicksal zugefügt hat. Darunter fallen auch die schuldhaften Handlungen, die Versuchungen, denen man erlegen ist, die vermessenen und hochmütigen Gedanken und alle Worte und Taten, mit denen man unabsichtlich oder absichtlich verletzt hat. Das anzunehmen, wovon man sich gedemütigt fühlt, was schmerzt, Verzicht mit sich bringt, was den Glauben an sich und die Weisheit der göttlichen Welt rauben möchte und wodurch man schuldig geworden ist, sind besondere Ereignisse. Tiefenwandlungen heben durch sie an. Vor der geistigen Welt ragen sie aus allen anderen Ereignissen heraus. Sie strahlen hinauf zu den Göttern. Die Götter nehmen sich dieser Ereignisse an, wenn der Mensch sich zugesteht, an ihnen wachsen zu wollen. Denn sie sind Zeichen des wahren Menschen. Worte von Sophia dazu:

Ich trage den neuen Menschen aus. Schwanger bin ich mit dem, der ihr einst sein werdet. Die schmerzhaften Wehen des Schicksals sind die Vorahnungen und Zeichen seines Kommens. Dass ihr jetzt noch unter ihm leidet, ist nicht zu umgehen. Er kommt im Leid, das ihr erfahrt. Denn seine Schule ist streng. Ich trage euch aus in eure Zukunft. Wir sind eins, gehören nur verschiedenen Sphären an. Uns braucht es, das Neue zu empfangen und zu gebären. Nimm das Schwere an, o Mensch. Der Schmerz ist unser beider Wehen. Ihr empfangt mich, indem ihr euren höheren Menschen empfangt. Nehmt mich wie ihn bei euch auf. Vertraut ihr euch mir an, beginnen die Wehen. Falls sie schon begonnen haben, habt ihr mich schon erfahren.

· · · EINWEIHENDE · · ·

Sophia spricht ins Innere der Seele. Sie spricht nuancenreich. Man kann nur über die vielen Möglichkeiten staunen, über die sie verfügt, sich der Seele zu offenbaren. Sophia überrascht. Man kann nie wissen, wie die nächste Unterweisung ausfallen wird. Sophia setzt Erwartungslosigkeit voraus, wenn man ihren Unterweisungen teilhaftig werden will. Indem man die eigenen Bedürfnisse, Wünsche und Fragen weitgehend zum Schweigen bringt, macht man Sophia ein Angebot. Man bietet ihr an, freie Mitteilungen zu machen. Man lässt sie gewähren. Die menschliche Seele stellt sich Sophia als ein Organ zur Verfügung, durch das sie sich mitteilt. Man gibt sich in ihre Hände. Man erlaubt ihr, sich der eigenen Seele anzunehmen. Mut ist dazu sicherlich nötig. Man ist es nicht gewohnt, sich in die Hände eines geistigen Wesens zu geben. Sophia wünscht sich eine Zusammenarbeit, die auf einem intimen Verhältnis zwischen dem Menschen und der geistigen Welt beruht. Sophia offenbart sich der Seele, wenn diese begreift, dass der Schlüssel zu allem Wissen in der Seele liegt. Sophia näherkommen heißt sich selbst näherkommen. Sophia macht darauf aufmerksam, dass man alles hat, was nötig ist, um sich mit der Weisheit der Welt zu vereinen.

Sophias Worte dazu:

In mir vereinigen sich die Geistwege, denen ihr schon gefolgt seid. Denn ich gehöre der Individualität, eurer heiligen Wesensnatur, in der ihr mit allem und alles mit euch vereinigt ist. Dort befindet sich die Eine Wahrheit, die Urweisheit. Ihr bin ich verpflichtet, wie ihr ihr verpflichtet seid.

Sophia teilt ihre Weisheit mit dem Menschen. Aber sie unterweist nicht zwei Menschen auf die gleiche Weise. Sophia passt sich dem

Menschen an, vor den sie tritt. Das schuldet sie der Individualität. Diese ist für Sophia das bestimmende Maß. Die Unterschiede, die sie macht, sind Ausdruck ihrer Hochachtung der menschlichen Individualität. Die Bilder des Aufstiegs und der Läuterung der Seele, die Einsichten in die Geheimnisse des Daseins und vieles mehr, das sie vor das innere Auge malt, gelten dem einzelnen Menschen. Indem sich der Mensch nach innen wendet, wendet er sich als ein einzigartiges Wesen an Sophia, die einweihende Gottheit.

*

Um zu unterweisen, schlägt Sophia verschiedene Wege ein. Einige möchte ich hier darstellen. Ich bin mir bewusst, dass diese Schilderungen nur einen Teil der Möglichkeiten berücksichtigen, wie Sophia mit der Menschenseele spricht. In der Praxis treten sie selten in Reinform, sondern gemischt auf.

Sophias Gegenwart teilt sich mit durch bestimmte Empfindungen. Die Empfindungen, die ihre Gegenwart auslöst, sind mit Worten kaum zu beschreiben. Sie sind bei den Menschen unterschiedlich gefärbt, sodass hier keine allgemeingültigen Beschreibungen gegeben werden können. Mit diesen Empfindungen und Gefühlen wird man mit der Zeit so vertraut, dass sie schließlich unzweideutige Anzeichen ihrer Geistgegenwart sind.

Ihre Gegenwart fühlt man nicht nur in sich. Sophia erscheint auch auf übersinnliche Weise in der sinnlichen Welt. In besonderen Momenten tritt die Verbundenheit ihrer Geistleiblichkeit mit der Erdenwirklichkeit vor das innere Auge. Man schaut geistig ihr Einssein mit der sinnlichen Welt. Ihr Wesen, das die sinnliche Welt durchdringt und umhüllt, erscheint für die einfühlsame Wahrnehmung in den Schleiern, den Erscheinungen der sinnlichen Welt.

Sophia spricht auch zur Seele. Sie tritt mit Botschaften vor die Seele. Man kann seine Aufmerksamkeit darauf richten, was sie zu einem spricht oder sprechen möchte. Sophia lässt sich um Antworten bitten. Sie kann gefragt werden, selbst zu recht persönlichen Dingen. Sie wendet sich aber auch mit Sprüchen und Botschaften an die Seele. In diesem Buch haben einige Aufnahme gefunden. Leider zerrinnt dasjenige leicht, was Sophia zur Seele spricht, wenn man nicht mitschreibt. Man wird sich nachher nur noch schwer an die Inhalte erinnern können.

Sophia nähert sich dem Menschen mit dem Wunsch, ihm Gesundheit, Harmonie und innere Kraft zu verleihen. Das ist ein sehr intimes Geschehen. Sophia erfüllt den Menschen mit ihrem heilenden Wesen. Mich hat Sophia viele Male an Orte geführt, die sie Heiltempel nennt. Dort wird man heilenden Behandlungen unterzogen, die bis auf die Körperebene wirken. Man kann sich diese Behandlungen wünschen.

Einen anderen Weg der Unterweisung beschreitet sie, indem sie die Seele an jenen Ort der geistigen Welt führt, an dem sich das Buch des Lebens befindet. Sophia gewährt der Seele Einblicke in dieses Buch. Sie legt es vor sie hin. Dann öffnet sie es an einer bestimmten Stelle. Die Seite, die sich zeigt, darf man lesen. Vielleicht ist eine Frage, die man hat, der Anlass. Häufig gibt es aber auch Unerwartetes zu lesen. Sophia lässt den Menschen auf jeden Fall frei, dem Buch seine Aufmerksamkeit zu schenken oder eben nicht. In ihm zu lesen ist ein vollständig freier Akt. Es ist das große Buch der Schöpfung. Manchmal kann man in ihm wie in einem irdischen Buch lesen. Das ist aber nicht immer der Fall. Oft bleiben die Seiten blank, wenn man erwartet, in ihm Worte und Sätze in einer gewohnten Schrift zu finden. Dann lässt sich in ihm ausschließlich mit der Seele lesen. Zeichen finden sich in ihm, die lebendige Worte und Bilder sind. Sie ähneln den Urgesten, die die Seele entdeckt, wenn sie tief in sich selbst lauscht und schaut. Die Seele ist voller Urgesten, Urempfindungen und Urideen. Aus ihnen ist die Schrift, in der das Buch der Schöpfung geschrieben ist. In ihm offenbaren sich die goldenen, lichterfüllten Urgründe alles Geschaffenen, Existierenden und Bestehenden.

Sophia nimmt die Seele aber auch mit sich auf Reisen. Sie erweist sich als eine Seelenführerin in die geistigen Welten. Die Seele erlangt dadurch Einsichten in die übersinnlichen Welten. Sie führen die Seele an jene Schwelle, an der sich die sinnliche und die geistige Welt berühren. An dieser Schwelle kann die Seele einen Blick in die verschleierten und verborgenen Welten werfen, die sie sonst im Schlaf und nach dem Tod betritt. Diese Fahrten und Reisen erweitern unser Bild von der Welt. Es tauchen Dinge auf, die die Seele sonst kaum erahnen könnte. Sophia lädt die Seele ein, sich ihr anzuschließen. Sie fragt, ob man mitgenommen werden möchte. Sie führt die Seele an den Abgrund, der die Welten voneinander trennt. Sophia hilft der Seele, über diesen Abgrund hinwegzukommen. Sie führt sie in jene lichten Welten, die sich jenseits des besagten Abgrundes erstrecken. Während dieser Reisen weicht Sophia der Seele nicht von der Seite und bringt sie sicher zurück.

Christus ist ein eigenes Buch. Sophia und Christus stehen eng beieinander. Sophia ruft Christus und Christus ruft Sophia herbei. Man kann sich fragen, ob sie jemals getrennt waren. Aber ihre Wege sind verschieden. Sophia verkörpert die göttliche Weisheit. Ihr Wesen ist unendlich. Sophia erstreckt sich in die Weiten des Kosmos. Sie ist Trägerin der geistigen Erde und deren Entwicklung. So tritt sie zum und vor den Menschen. Sie weckt seine Aufmerksamkeit für die lebendige Erde und seine eigene göttliche Natur. Sophias kosmisches Dasein, ihre geistigen Mäntel umwehen und umhüllen die lebendige Erde. Christus ist Mensch geworden. Er hat sich mit dem Menschen vereint, indem er ihm bis zum Tod und über ihn hinaus gefolgt ist. Dann ist er eins mit der Erde geworden. Christus ist in die Materialität der Erde eingezogen. Seitdem ist er der hohe Geist der Erde. Sein Reich liegt im Innern der Erde. Sein Wesen belebt und erleuchtet die Materie. Jede Substanz ist Christussubstanz. In den Metallen und Edelsteinen sind davon deutliche Spuren. Sein Wesen tritt auch in den Pflanzenblüten und den Rhythmen von Tag und Jahr hervor. Er lebt im Dasein der Tiere, im Licht, im strömenden und schäumenden Wasser, den Winden, selbst in Blitz und Donner. Wo die Erde und ihre Wesen zur Seele sprechen und ihr Innerstes preisgeben, zeigt sich das Wesen Christi, sobald die Seele sich in diese Zeichen versenkt. Christus hat sich tief auf den Menschen eingelassen. Sein kosmisches und heilendes Wesen trägt seit seinem Erdenleben jeder Mensch als ein Bild in sich. Am Karsamstag ist er bis ins Innere der Erde hinabgestiegen, ist aber auch in das Wesen des Menschen hinabgestiegen. Hinabgestiegen ist er bis in das Blut des Menschen. Eins ist er mit der leidenden und wunden Erde. Er tat das für unsere Wunden, die eins sind mit den Wunden der Erde. Wir sind wund mit der Erde und sie mit uns. Christus hat die Erde geheiligt, damit sich der Mensch zur göttlichen Welt erheben kann. Er hat unser Fallen aufgehalten. Christus hat den Menschen ihr kosmisches Dasein erhalten.

*

Die Wesen der elementaren Welt legen Zeugnis ab von der Gegenwart der Christuswesenheit in ihrer Welt. Sie hegen den Wunsch, dass der Mensch diese Zeugnisse bemerkt. Die Elementarwesen lassen sich über Christus befragen. Sie geben gerne Auskunft, wenn auch auf ihre Weise. Wer ihre Nähe sucht, sich in Landschaften oder an Orte begibt, wo ihr Wirken augenscheinlich gegenwärtig ist, wird bemerken, dass Fragen nach der Christuswesenheit unter ihnen für Aufregung sorgen. Zuerst wissen sie gar nicht, wie ihnen geschieht. Dann sammeln sie sich, um der Frage noch einmal zu lauschen. Was dann beginnt, ist etwas, das nur als ein beglückendes und fröhliches Spiel zu bezeichnen ist. Die zusammenströmenden zahlreichen Wesen der elementaren Welt tauschen sich mit großer Regsamkeit über ihre Erlebnisse und Begegnungen mit dem Christus aus. Als Mensch schaut man diesem bunten Treiben zu. Vielleicht schnappt man das eine oder andere auf, bis endlich eine höherstehende Wesenheit, vielleicht ein Hüter, ein Elementarwesenkönig hervortritt und seine Unterweisung beginnt, die dem Menschen gilt, der in ihr Reich eingetreten ist. Von solch einer Unterweisung stammt der folgende Spruch:

Er lebt
unter uns
in der Erde
in der Luft
im Wasser
in der Wärme
als das Wesen

des hohen Lichtes
und der Erdentiefen
zu heiligen
alles Unheilige
zu heilen
alles Kranke
zu trösten
alles Verbitterte

Mensch o höre
das Rauschen
Plätschern
Knacken
und Prasseln
der Elemente
empfinde und schaue
das Leben
der hohen
und niederen Geister
dann kannst du
ihn fühlen
hören
sehen
wie wir ihn
sehen
hören
fühlen

An bestimmten Orten und zu bestimmten Zeiten finden unter den Elementarwesen Zusammenkünfte statt, bei denen Christus anwesend ist. Er lehrt, tröstet und segnet die versammelten Elementarwesen. Er tritt vor sie hin aus dem Licht der Erde. Die Lebenskräfte der Erde mit kosmischer Substanz zu erfüllen, ist ihm übertragen. Er erneuert das Leben der Erde aus seiner Machtvollkommenheit. Unter den Wesen der elementaren Welt ist diese Erneuerung hochwillkommen. Die Wesen der Erde, des Wassers, der Luft und der Wärme laben sich daran. Sie und alle anderen Wesen dieses Reiches, auch die höheren, nehmen die kosmischen Gaben Christi in sich auf. Diese Gaben verleihen ihnen, was sie erhoffen, einst vom Menschen zu bekommen. Er ist noch nicht in der Lage, ihnen dasjenige zu geben, was sie eigentlich brauchen. Es gehört zu den Aufgaben des Menschen, sich wahre Vorstellungen zu bilden von der Christus-Wirksamkeit in der Lebenssphäre der Erde. Das bereitet ihn darauf vor, einst an diese Stelle zu treten. Für die Wesen der elementaren Welt bedeutet es ein unfassbares Glück, von einem Menschen zu hören, dass er sich auf den Weg begeben hat, den Wesen der elementaren Welt zu dienen. Wir können uns immer wieder bewusst machen, dass wir die Aufgabe haben, für die Belebung der elementaren Welt zu sorgen.

*

Die übersinnliche Erfahrung lehrt das Durchklungensein der lebendigen Erde von der Wesenheit Christi. An jedem Ort der Erde sind sein Licht, seine Wesensnähe und Präsenz erlebbar. Spuren seines Lichts, seiner Kraft und Gegenwart finden sich in allem. Unmissverständlich sprechen die Elementarwesen davon, dass sein Tod seine Erdengeburt war. Zeugen sind die Ereignisse des Karsamstags. Christus vereinigte sich mit der lebendigen Erde, indem er in ihre Tiefen hinabstieg. Seitdem ist er der hohe Geist der Erde und als solcher bis in die Menschenwelt hinein wirksam. Sein strömendes und heilendes Leben steigt aus den Tiefen der Erde auf. Indem sich der Mensch zur Erde neigt, empfängt er Christus. Seine Liebe zur Erde erfüllt ihn mit der Liebe, die mit Christus wirkt.

Die Christuswesenheit ist bestimmt, mit der Erde vereint zu sein. Die Vereinigung dieses hohen kosmischen Wesens mit der Erde ist ein weitreichendes Ereignis. Denn jeder auf der Erde lebende Mensch begegnet ihm als dem Geist der Erde. Er begegnet ihm auf dem Weg aus dem Vorgeburtlichen in seine irdische Existenz. Und er begegnet ihm nach dem Tod, wenn er sich von dieser Existenz löst. Auch während des Schlafes begegnet die Seele Christus.

Die Taten der Christuswesenheit, auch jene nach der Kreuzigung, die Fahrt in die Unterwelt und seine Auferstehung und was folgte, sind der Erde, ihrem ätherischen Kleid eingeschrieben. Sie sind Teil der geistigen, der lebendigen Erde und also von dem, der sie sucht, zu finden. Was Christus tat, seine Heilungen, die Worte, die er sprach, die Gespräche und die Wege, die er ging, sind in die Erde eingezeichnet. Sie sind eingezeichnet in das stille Leben der Rinden der Bäume, sie leuchten und schimmern aus den Blüten, sind in den Augen der Tiere zu entdecken, erschallen in der aufgehenden Sonne und in Sturm und Gewitter. Kein Moment ist ohne diese stillen Zeichnungen. Sein Wesen leuchtet in den Metallen und Edelsteinen. Es wirkt auch in dem, was der Mensch aus den Kräften seines Herzens hervorbringt. Es ist anwesend und wirksam in seinen Taten und Worten. Wir können mit der Stimme Christi sprechen, wenn wir es aus unserer Herzensweisheit tun.

*

Sophia und Christus spielen ein heiliges Spiel. Man wird gut daran tun, dem Spiel der beiden eine Weile in der Meditation zuzuschauen. Innere Bilder stellen sich ein. Sie wollen angeschaut werden, ohne voreilige Schlüsse zu ziehen. Nicht leicht ist zu beschreiben, was sich auf diese Weise zeigt. Zarte Zeichen und Botschaften sind es. Mit der Zeit verdichten sich diese Zeichen dahingehend, dass man schaut, wie Sophia einen lebendigen Mantel um die Erde breitet. Mit ihm hüllt sie die Christuswesenheit ein. Sein Wesen ist auf der Erde dank des Mantels Sophias wirksam. Sophia bietet Christus den Lebensatem und den Nährstrom des irdischen Daseins. Wie sich die Sonne der Erde zu ihrer Wesensentfaltung bedient, so bedient sich Christus der Sophia. Indem Christus den Menschentod erlitt, hat er sich mit Sophia vereinigt. Sein Schicksal liegt in ihren Händen. Sophia, die Empfangende, dient bis heute seiner fortschreitenden Erdengeburt. Von Sophia hat Christus, nachdem er seinen kosmischen Leib abgelegt hat und zur Erde hinabgestiegen ist, einen zweiten erhalten, mit dem er auferstanden ist. Er trägt ihn an anstelle des ersten, des kosmischen. Sophia ist des Christus Umhüllung. Sie ist also sein zweiter, sein irdischer Himmel. Insofern sind Sophia und Christus eine und zwei Wesenheiten.

In Sophia liegen die Male und Zeichen der Verwandlungsstufen der Erde. Christi Zeichen und Wege haben sich ihrem reinen und weisheitsvollen Wesen eingeschrieben. Sophia macht den Menschen, der Christus sucht, auf diese Zeichen und Wege aufmerksam. Sie gibt sie dem Menschen, der danach fragt, um in ihnen zu lesen. In der Bilderschrift Sophiens sind Zeichen über Zeichen, Gesten, Bilder, viele rätselhaft, die vom Wesen und Dasein Christi und noch vielem anderen künden.

*

Urbild der Vereinigung von Sophia und Christus sind die Ereignisse des Karsamstags. Die Erde nimmt nach der Kreuzigung das Wesen des Christus in sich auf. Sein Tod ist Zeichen seiner Geburt in der Erde. Der Tod am Kreuz ist die Erdengeburt des Christus im Wesenskreis der Erde. Die Christuswesenheit baut seit dieser Geburt im Sein der Erde an einem neuen geistigen Kontinent. Dass Christus sich mit dem Schicksal der Erde verbunden hat, ist Keim dieses neuen innerirdischen Kontinents. Er baut daran nicht alleine, sondern zusammen mit vielen anderen kosmischen Wesenheiten. Menschen bauen mit daran. Denn dieses Land ist vom Menschen alles andere als unabhängig. Selbst unwissend baut er daran mit. Tatsächlich kann sich dieser Kontinent nur durch die Mithilfe des Menschen realisieren. Vom Menschen kommen wesentliche Kräfte für diesen Bau.

Die neue Erde ist ein gemeinschaftliches Werk, an dem die Menschen zusammen mit kosmischen Wesen teilhaben. In der Erde nimmt die Wandlung, die auch zur Aufgabe des Menschen gehört, ihren Anfang. Stattfindet dieses Werk in den Geisthüllen Sophias. Das Weisheitswesen Sophias bietet die geistigen Räume dieser Wandlung.

Der neue Kontinent wächst in ihrer Geistleiblichkeit. Die Wesenheiten der elementaren Welt geben Kunde von der neuen Erde. Sie sind Kinder Sophias. Viele von ihnen wissen, als Kinder Sophias, um das Wandlungsgeschehen, das sich in den Tiefen der Erde ereignet. Sie werden darüber unterrichtet. Ihnen erwächst Hoffnung und Kraft aus diesem Wissen. Ohne es könnten sie ihre Aufgaben für die lebendige Erde gar nicht erfüllen. Insofern gibt ihr stilles Wirken, das allerdings auch sehr laut und bedrohlich werden kann, immer auch Auskunft über das Wandlungsgeschehen der Erde. Sie werden nicht müde, zum Menschen davon zu sprechen. Je mehr Menschen sich entschließen, ihren Mitteilungen zu lauschen, desto leichter kann das gemeinschaftliche Werk gelingen. Sie sprechen davon, dass Christus im Licht, im Wind, in den Kristallen, Metallen, Tieren und Blüten lebt. Und dass es der weisheitsvolle Leib Sophias ist, der ihn und sie trägt. Doch sie sagen noch mehr. Sie raunen dem Menschen ein besonderes Geheimnis zu. Und ihre Stimmen werden zusehends klarer. Sie sagen:

An der ZEIT ist es
allemal
sich zu erheben o Mensch
deiner hohen Kräfte gewahr zu werden
mit denen du wandeln kannst

Kein Moment ist zu unbedeutend
dass du nicht
das heilige Leben deiner Seele
dazutun kannst

Solange du nicht segnest
fehlt der Erde
ihr Tiefstes
segne
o Mensch

· · · HÜTERIN DER · · · NÄCHTLICHEN ERDE

Sophia ist die Hüterin der nächtlichen Seite der Erde. Das ist jene Seite der Erde, zu der sich die Seele hinbegibt, während sie einschläft. Sophias Aufmerksamkeit gilt besonders den Wegen der schlafenden Seele. Sie hütet diese Wege. Sophia umfängt jede Nacht die Seelen der Menschen. Mit ihrer Geistleiblichkeit umhüllt sie die schlafenden Seelen. Sophia ist das Tor, durch das die Seele tritt, sobald sie den Leib verlässt. Die Wanderschaft der schlafenden Seele führt durch die geistigen Hüllen Sophias. Sophia tilgt diejenigen Spuren und Überreste, mit denen sich die Seele auf der Erde vereint hat und die sie hindern würden, das Licht und die Wesen der geistigen Welten zu ertragen und zu schauen. Die Seele erfährt jede Nacht auf diese Weise Läuterung und Heilung. Sie gewinnt dadurch aber auch wesentliche Erkenntnisse. Sie wird Glied jener Wesenheiten, die das irdische Dasein aus sich hervorbringen. Sie wird bekannt mit den lebendigen Urbildern des irdischen Daseins und vereinigt sich in der Folge mit den Urquellen und den Urbildern des Lebens.

Sophia begleitet die Menschenseele auch wieder zurück in die Erdenverhältnisse. Man kann Sophia als jene Wesenheit erleben, von der wir unser Schicksal anvertraut bekommen. Sie tut das aktiv. Sie ist die schicksalsgebende Göttin. In ihr sind die Nornen der germanischen und die Moiren der griechischen Götterwelt und andere Schicksalsgöttinnen wirksam. Die Wegmarken des Schicksals jedes Menschen, aber auch der Menschheit, sind ihr eingeschrieben. Sie ist jene Gottheit, die den Menschen den lichtvollen Vorschein seines eigenen Schicksals schauen lässt. Sie erweckt in der Seele das Vermögen, die Zukunft zu ahnen oder zu schauen. Sich mit ihr verbinden heißt auch, diesen Vorschein zu gewahren. Dieser Schein ist von großer Bedeutung, denn er versöhnt mit dem eigenen Schicksal.

Die Wesensnähe und Wesensbegleitung, die die Seele von Sophia während des Schlafes erfährt, ist ein Meditationsinhalt, der viele Tore öffnen kann. Tatsächlich kann man sich diesen Inhalten immer wieder hingeben. Man kann den Wunsch äußern, diesen Weg von Sophia gezeigt zu bekommen. Diese Meditation erweist sich als ein Seelenorgan höherer Erkenntnis. Nachts sind die Seele und Sophia vereint. Sich dieser Vereinigung zu versichern, indem man sich meditativ dieser Vereinigung hingibt, kann verdeutlichen, wie Sophia und der Mensch zueinander stehen.

*

Die sinnliche Existenz ist nicht der Grund, auf dem sich unser Dasein erhebt. Sie ist Zeichen, Bild, Ausdruck dieses Grundes, aber nicht er selbst. Zwar bietet uns die sichtbare Erde eine unendliche Zahl staunenswerter Phänomene. Aber diese sind Teil eines geistigen Gewebes, eines Zusammenspiels, das sich der sinnlichen Wahrnehmung entzieht. Indem man von den sinnlichen Phänomenen absieht, kann dieses Zusammenspiel empfunden, gefühlt und gedacht werden. Sobald sich der Mensch als staunendes, empfindendes und denkendes Wesen hinzunimmt, kann die Vollkommenheit, Harmonie und Ordnung der Erde zu einem inneren Erlebnis werden.

Der erste Schritt, um sich dem lebendigen Wesensgrund der Erde anzunähern, besteht darin, die Sinneswelt in ihrem Durchscheinenden, in ihrer Transparenz zu erleben. Die sinnliche Form- und Farben- und Gestenwelt ist nicht starr, abgewandt und verschattet. Sie ist transparent, lichterfüllt, ja leuchtend für den Blick, der nicht der Macht des Sinnlichen erliegt. Mit dem Wunsch, der Sinneswelt in ihrer klaren und lichterfüllten Transparenz begegnen zu wollen, verändert sich der Blick auf die Welt der Phänomene. Der Schein, der ihnen anhaftet, ist viel leichter zu durchschauen, als man vielleicht glaubt.

Jedes Phänomen hat seine Nachtseite. Durch diese steht es im Lichte Sophias. Die Nachtseite offenbart, was der sinnlichen Anschauung verborgen bleibt. Ohne die Nachtseite mitzudenken, mitzuempfinden oder mitzuschauen, bleibt das einzelne Phänomen blass und in seiner Oberflächlichkeit gefangen. Die andere, die nächtliche Seite der Phänomene legt den Grund frei, auf dem die Existenz aller Wesen beruht. Der Weg zur Erkenntnis des Lebens ist der Weg auf die nächtliche, stille Seite des Daseins. Diese offenbart sich, wenn man sich nicht der Macht der Sinne überlässt. Je weniger man sich von den Sinneserfahrungen beeindrucken lässt, desto leichter findet man sich auf der Nachtseite zurecht. Das heißt nicht, dass das Sinnliche geringgeschätzt werden muss; man darf sich von ihm nur nicht vereinnahmen lassen. Sophia ist die Hüterin der nächtlichen, dem Sinnesschein abgewandten Sphäre der Erde und des Daseins. Diese Sphäre ist für uns ein Organ höherer Einsicht und Erkenntnis. Sie ist die Weisheitssphäre der Erde. Sophia erweist sich als eine Seelenführerin in und durch diese Sphären.

III

· · · DIE SCHULE · · ·

Sophia steht einer geistigen Schule vor. Diese steht jedem Menschen offen. Wer Einlass wünscht, findet Wege und Tore. Für mich ist bis auf den heutigen Tag der Eintritt in diese Schule ein besonderes Ereignis. Man betritt eine geistige Sphäre, ein geistiges Haus. Es hat keine Ähnlichkeiten mit von Menschen erbauten Häusern. Anfänglich meldete sich beim Eintritt in mir eine Stimme, die davon abriet, die Schule zu betreten, weil mir die Berechtigung und Würde dazu fehlen würde. Doch Sophia nahm mir die Bedenken. Nicht Würde sei das Maß, sondern das Vertrauen und die Einsicht in das eigene Wesen und dessen Fähigkeiten.

Sophias Schule betritt man in der Stille der Meditation. Darin erfährt man Unterweisungen vielfältiger Art. Man kann sich aber auch Rat erbitten. Sophia ist nicht die einzige Lehrende, denn in den verschiedenen Zimmern dieser Schule trifft man auf unterschiedliche geistige Lehrmeister. Wohlwollend geben sie ihr Wissen preis. Jeder Schritt liegt in der eigenen freien Wahl. Bei aller Führung bleibt die eigene Freiheit gewahrt. Man ist nicht dazu verpflichtet, eine Erkenntnis, Antwort oder Botschaft gegen seinen Willen anzunehmen. Man wird dazu aufgefordert, Urteilsfähigkeit auszubilden.

*

Sophia wendet sich unbedingt an die Individualität. Diese gehört unzweifelhaft der Erde, aber auch dem Himmel an. Die menschliche Individualität lebt in und zwischen den Welten. Sophia meint den ganzen Menschen, der gleichermaßen kosmisch und irdisch ist. Die Individualität überragt unser Ich. Sie sorgt dafür, dass das Ich mit den Erdenverhältnissen vertraut wird und am Schicksal der Erde mitträgt. Der Weisheit unserer Individualität verdanken wir unser Dasein in und zwischen den Welten. Das Ich folgt einem besonderen Atem. Dieser erhebt das Ich jede Nacht und vereint es mit den Sternenwelten. Dank dieses Atems löst es sich jedoch aus diesen Welten und vereint sich wieder mit der Erde, mit unserem Körper und unserem Schicksal. Das Ich ist Kind unserer weisheitsvollen Individualität. Als selbstbewusste Wesen der Erde sind wir ihre Sprossen. Geboren von unserer leiblichen Mutter, werden wir doch immer auch von unserem höheren Wesen, unserer Individualität, geboren. Sophia wünscht, Hebamme für diese zweite Geburt zu sein. In diesem Wunsch liegt das Geheimnis unserer Verbindung mit Sophia. Ihr Wunsch ist eigentlich ein Ruf. Er offenbart die Aufgaben Sophias uns gegenüber ebenso wie unsere eigenen.

Sophia schaut den ganzen Menschen. Auf ihm liegt ihr Augenmerk. Unsererseits sind, um diesen Menschen zu schauen, besondere Anstrengungen nötig. Wir müssen den Spuren folgen, mit denen sich dieser Mensch unserem Ich eingeschrieben hat. Im Ich ist ein Licht, das uns zum Wesen unserer Individualität führt. Sie leuchtet im Ich auf. In der Meditation ist es möglich, diesem Licht nachzugehen. Es zieht uns auf heimliche Weise an. Je stiller es in uns ist, desto eher ist diese Anziehung wahrzunehmen. Dieser Weg der Anziehung führt durch transparente Schleier, die im Ich vor dem Wesen der Individualität liegen. Sie zu durchschreiten lenkt unseren inneren Blick auf jenes hohe Wesen, von dem unser Ich abstammt, also Kind oder Spross ist.

Sophia lehrt, sich als dieses Kind zu empfinden. Ihre ersten Lektionen gelten oft diesem Kind. Damit tritt man in ihre geistige Schule ein. Ihre Unterweisungen bestehen darin, dass sie Bilder um Bilder dieses kindlichen weisheitsvollen Menschen vor die Seele malt. Diese Bilder sind in ihr Kleid verwoben; ihre Gesten, ihre Worte weisen immer wieder auf ihn. Denn wir müssen wiederholt von ihm hören, bis wir die Fähigkeit erlangen, es selbst zu schauen.

Dieser weisheitsvolle kindliche Mensch gehört allen Welten an. Keine ist ihm fremd oder verschlossen. Er gehört jenen Welten an, die die Erde aus unermesslichen Weiten umhüllen, und jenen, die sich bis in das Innere der Erde fortsetzen. Sein Wesen erstreckt sich von der zentralen Sonne unserer Galaxie bis zur inneren Sonne unserer Erde. Sophia vertraut uns Bilder dieses Weltenmenschen an. Sie weckt unser Bewusstsein dafür, dass wir uns als Wesen seines Wesens empfinden und schauen.

Sophia möchte unseren Umgang mit der göttlichen Individualität, die wir sind, begleiten. Sie wünschte, uns würde der Umgang mit ihr natürlich und selbstverständlich sein. Sie spricht:

Wie ihr euer Brot schneidet, eure Ausgaben zusammenrechnet, die Wassertemperatur vor dem Duschen prüft, ein Gespräch beginnt oder Salatsauce mischt, wie ihr jede eurer alltäglichen Handlungen vollbringt, so können eure Gedanken zu diesem hohen und königlichen Menschen schweifen, der ihr unwissend seid. Er ist da in einer Weise, dass seine Gegenwart euch tief, sehr tief berührt und trifft. Er trägt euch, jeden eurer Schritte. Eure Füße heben sich dank seiner Kräfte, ihr setzt sie wieder auf die Erde, weil er euch dazu veranlagt. Alle Körperfunktionen sind seine Gaben, euer Seelenleben ist es und alle Geistesfähigkeiten, über die ihr verfügt. Er ist die Mutter und Trägerin eures göttlichen Wesens. Er ist vereint mit euch, er spricht und schaut und tut aus euch heraus. Er ist alltäglich und allnächtlich um und in euch. Im Feuer eurer Augen ist er, im Mut, in der Stille eurer Seele und in ihrer Kraft, selbst das Schlimmste zu ertragen.

*

Sophia sorgt für Bilder, durch die uns das eigene göttliche Wesen offenbar wird. Diese Bilder sind für den modernen Menschen eine bedeutende Lebenssubstanz. Sie stärken ihn, denn sie zeigen ihm die Wahrheit seines Wesens. Sie holen sein Ich in die Wahrheit seines ursprünglichen Wesenszusammenhanges. Diese Bilder markieren das Ende äußerer, an Dogmen gebundener Überzeugungen. Sie eröffnen den Übergang zu einem Dasein, das den aufgezwungenen Bindungen, die das Ich eingegangen ist, abschwört und sich der Fesseln und Einschränkungen entledigt. Damit hebt ein neues inneres Leben an. Dieses ist nicht frei von Verpflichtungen und Verantwortung, aber das Ich wählt jene aus, denen es aus sich heraus folgen möchte.

Gegen diese innere Arbeit erheben sich auch Widerstände. Sich seinem eigenen göttlichen Wesen zuzuwenden, hat man sich vielleicht in seinen zurückliegenden Inkarnationen noch nicht getraut. Es ist einem noch fremd, zu sich aufzuschauen wie zu einer Gottheit. Es ist wahrscheinlich, dass einen das Gegenteil gelehrt wurde, nämlich sich zu verachten, sich für sündig und böse zu halten. Die göttliche individuelle Natur des Menschen war negativ belegt. Es war verboten, weil als sündhaft galt, auf sich wie zu einer Gottheit zu schauen. Demut und Anbetung galt nur den Göttern und bestimmten Autoritäten. Seiner eigenen höheren Natur gewahr zu werden, muss nicht dazu führen, den anderen Wesen Demut und Verehrung vorzuenthalten. Im Gegenteil, denn aus der gesunden Schau der eigenen göttlichen Natur erwächst jene tragende Kraft, das Göttliche in jedem anderen Menschen und Wesen zu erkennen. Die Selbsterkenntnis des göttlichen Wesens, das man ist, steht nicht im Widerspruch zu einer Erkenntnis der göttlichen Natur der Erde und des Kosmos. Sie ist ihr Wegbereiter. Hier dazu Worte Sophias:

> *Bitte darum, dass die dem Guten verpflichteten himmlischen Wesen dir den Tempel deiner eigenen Gottnatur öffnen. Dass sie dich leiten, bis du vor dem Tempel deines eigenen Wesens stehst. Dass sie dir die Seelenstimmung verleihen, die nötig ist, um zum Tempel des eigenen wahren Bildes geführt zu werden. Es ist der Ruf der Gottheit, die du selber bist, dem du folgst. Das Bild, das du suchst, bist du. Es ruht im Geheimniszustand der Verzauberung,*

bis du beginnst, ihn zu lösen. Es kann deinem Wunsch und Streben nicht widerstehen. Der Tempel öffnet dir seine Tore. Du betrittst ihn und schaust nicht nur ein Bild, sondern viele. Denn du warst vielfach auf der Erde. Allem liegt aber eines zugrunde. Es ist dein Urbild. Es ist ein lebendiges Bild, ein Wesen, verschleiert zwar, aber willig, Schleier um Schleier zu heben. Vielleicht bekommst du etwas, wenn du wieder gehst: ein Kleinod. Es erinnert dich an das, was du im Tempel deiner Gottheit erlebt hast. Indem du den Tempel hinter dir lässt, wendest du dich zur Erde. Du wirst wieder zu dem, den du und deine Mitmenschen kennen. Dieser ist von der Erde als ein kosmisches Kind empfangen worden, damit sie reifen und sich wandeln und gesunden kann. Lege deine Krone, die du aus höheren Welten mitbringst, der Erde zu Füßen. Am Thron der Erde ist ihr Platz. Dann entgehst du der Gefahr, dass dich das Bild, das du gesehen hast, ablenkt von deinen Aufgaben gegenüber der Erde und allen ihren Wesen. Deine Krone ist eine unter vielen. Alle gehören denen, die wie du sich der Erde und ihrer Entwicklung verpflichtet haben. Dein Weg über die Erde ist nun davon geprägt, dass leuchtender Staub von dem Kleinod abfällt, das dir mitgegeben wurde. Sein Staub fällt auf und in die Erde. Das Kleinod verliert dadurch zusehends an Gewicht. Bevor es sich ganz auflöst, brich wieder auf und lass dir in dem Tempel ein anderes in deine Hände legen.

*

Die vorangegangenen Worte Sophias weisen hin auf die priesterliche Aufgabe, die sie uns gegenüber hat. Sie hütet die Tempel, in denen wir uns mit unserer höheren Wesenheit vereinen. Sie ist Priesterin unserer höheren Natur. Sophia trägt an unserer Entwicklung mit, und zwar an jener, die zur Versöhnung mit unserem höheren Wesen führen soll. Es folgen weitere Worte Sophias:

Der Einlass in mein Haus ist damit identisch, dass ihr euch der Führerschaft eures individuellen Wesens anvertraut. Dieses Wesen spricht mit der Herzensstimme. Ihm vertrauen lernen kann ich euch nicht abnehmen. Dieses Vertrauen ist aber der Schlüssel zu mir. Lernt zu achten auf das, was als eine tiefe Gewissheit, als ein hoher heiliger Trieb in euch lebt. Gebt dieser stillen Stimme die Aufmerksamkeit, derer sie bedarf, denn ohne euer Zutun verhallt sie ungehört. Lasst euch nicht beirren und verwendet nur recht viel Zeit darauf, eurer inneren wahren Stimme zu lauschen. Jeder dieser Momente lohnt. Denn ihr klopft an meinem Reich. Es ist nur dann zu erkennen, wenn ihr euch der Wahrheit eurer inneren Stimme gewiss werdet. Es erscheint euch vielleicht streng, dass die Aufnahme in meine Schule an so eine Bedingung geknüpft ist. Aber sie ist zu eurem Schutz. Diese Gewissheit kann euch niemand geben außer ihr euch selbst. Sie ist die unerlässliche Vorschule.

Geht nur recht oft in euch und achtet auf das, was als eure Wesenswahrheit in euch spricht und wirken möchte. Da lebt Weisheit in euch. Ihr habt diesen Weisheitsraum. Eure Weisheit sucht nach Ausdruck, sucht Gehör. Geht in euch und sucht diesen Raum auf. Seine Nähe wird euch überraschen. Die Schleier, die ihn verhüllen, sind fadenscheinig. Sie leuchten. Ja, es sind mehrere. Und ihr werdet sehen, dass ihr sie herabgelassen habt. Die Schleier seid ihr. Sie sind zu eurem Schutz, weil ihr noch nicht ertragt, eure ganze Wahrheit zu sehen. Indem ihr die Schleier als selbst verursacht anschaut, verändern sie sich. Sie bieten geradezu an, dass ihr sie hebt. Geht nur in euch, bis es zu einem Bedürfnis geworden ist, auf das ihr nicht mehr verzichten wollt. Dann seid ihr mit euch im Gespräch. Damit seid ihr vor Täuschungen sicher. Denn ihr benutzt beide Schalen der Waage. Ihr wägt ab, was euch geschieht. Die Ereignisse in der äußeren Welt setzt ihr ins Verhältnis zur Wahrheit eures eigenen Wesens. Das Maß ist als die Quelle der Wahrheit in euch.

An dieser Stelle möchte ich eine persönliche Bemerkung machen. Ich habe schon erwähnt, dass mich ein schwerer Herzinfarkt ereilt hat. In der Folge musste ich mehrere Male reanimiert werden. Unerwartet traten Herzstillstände ein, deren Gründe den Ärzten ein Rätsel waren. Während dieser Episoden war ich ohne Bewusstsein. Ich musste reanimiert werden. Als ich Minuten später erwachte, hatte ich keine Erinnerungen daran, was geschehen war. Später habe ich viel über diese Momente nachgedacht. Ich fragte mich, was ich während dieser Episoden, nahe dem Tod, erlebt hatte. Rasch begriff ich, dass mir erst die fortschreitende Gesundung die nötigen Kräfte verleihen würde, um das zu schauen, was ich an der Schwelle zum Tod erlebt hatte. Ich wartete also und vermied es, die Todeserlebnisse weiter anzuschauen. Während meine Kräfte langsam zunahmen und ich an dem Manuskript zu diesem Buch zu schreiben begann, stellten sich unerwartete geistige Erfahrungen ein. Die geistigen Welten begannen sich mir auf eine neue Weise zu erschließen. Ich erkannte, dass diese neuen Erfahrungen ihren Ursprung in den besagten Todeserlebnissen hatten. Sie waren die Ernte der zurückliegenden verstörenden und schlimmen Erlebnisse. Allmählich konnte ich bewusst wahrnehmen, was ich damals unbewusst erlebt hatte, als meine Seele wiederholt zwischen den Welten schwebte. Diese Bemerkungen stelle ich deshalb vor die nachfolgenden Abschnitte, weil sie unverkennbar Eindrücke von den geistigen Erfahrungen vermitteln, die mir während der Schwelle zum Tod zuteilgeworden sind.

*

Sophia geht mit dem Menschen. Sie hütet seinen heiligen Lebenskeim. Wer Sophia sucht, findet in ihr sein Heiligstes, seinen Tempel.

Im Herzen erscheint dieses Heiligste in einem Organ des menschlichen Organismus. Im Herzen ist der Weg des Menschen zu sich selbst. Je tiefer er eins ist mit ihm, desto leichter wird er sich selbst tragen können. Im Herzen ist überirdische Vernunft. Es ist das physisch gewordene Tor der Menschenseele in die Welten des Kosmos. Das Herz ist ein Schiff, ein Fahrzeug, in dem sich in Welten reisen lässt, die sich in Weiten befinden, die kein menschliches Auge sehen kann. Geistige Straßen führen vom Herzen zu den hohen Wesen der kosmischen Welten. Das Herz ist der Turm, der im Märchen vorkommt, der zwölf, eigentlich unendlich viele Fenster hat, durch die man alles sehen kann, was sich auf der Erde und im Kosmos zuträgt. Sophia gibt sich uns hin. Im Herzen hat sie sich verewigt. Es liegt in Sophias heiligem Mantel. Man kann genauso sagen, dass das Herz in ihren Händen ruht. Ihre tragende, liebende und weisheitsvolle Wesenskraft durchdringt unser Herz, erhebt und belebt es. Unser ganzes Wesen fühlt sich dadurch getragen, geliebt und eins mit ihrer Weisheit. Sie führt uns zu unserem hohen heiligen Wesen. Doch sie scheut nicht davor zurück, uns an unsere Abgründe, unsere Schuld und unsere Wunden zu erinnern. Sich ihr anvertrauen heißt immer auch, Wege in die Unterwelt der Seele zu gehen. Auf beide, auf Licht und Schatten, zielt der Sophienweg. Mit Sophias Worten:

> *Wer sich mir anvertraut, kann Wunder erleben. Mit seinem ruhigen, verlässlichen Leben ist es vielleicht vorbei. Meine Gegenwart beschleunigt die Entwicklung sowohl des einzelnen Menschen als auch der Menschheit. Ich offenbare die lichten und die schattigen Seiten des Daseins. Meine Wege führen durchs Dunkle zum Licht. Nun steht der Mensch an einem Ort seiner Entwicklung, an dem ihn das Dunkle leicht überfordert. Die Seele ist ihm nie gewachsen. Aber sie entwickelt sich an ihm. Die Dunkelheiten, Niederungen und Abgründe sind große Lehrmeister. An ihnen reift die Seele. An ihnen lernt sie ihr Potenzial, ihre Kraft und ihr Wesen zu entwi-*

ckeln. Verwandlungen setzen sich dadurch in Gang, die dem Licht allein nicht möglich wären.

*

Die folgenden Worte Sophias beleuchten von einer anderen Seite, was schon zur Sprache gekommen ist.

Im Saum meines Kleides sind Wohnungen. Sie sind für euch. Ihr könnt sie betreten, in sie einziehen. Es sind leuchtende Zellen, in denen eure Seele, euer individuelles Wesen findet, was sie zu ihrer Gesundung brauchen. Ihr könnt euch in diese Zellen hineinwünschen. Ihr werdet spüren, wie euch mein Wesen einlässt und aufnimmt. Die Zellen können euch trösten, ernähren und reinigen. An jeden Menschen ergeht mein Angebot. Ihr habt beständig Zugang. Die lebendigen, lichtvollen Zellen meines Saumes stehen euch offen. Für jeden Menschen steht eine Zelle bereit. Er kann in seine hineinschlüpfen. Wenn ihr einschlaft, schlüpft ihr so oder so in die Zellen hinein und durch sie hindurch in die geistige Welt. Selbiges geschieht im Fall eures Todes. Ich bin das Tor, die Schwelle des Übergangs zwischen den Welten. Die Zellwände legen sich um eure Haut. Sie umschließen euch. Sie schenken der Seele Wärme, Licht und Leichte. Sie erfährt einen Halt, der ihr alle Ängste nimmt. Alle Bedrohung schwindet, alle Niedergeschlagenheit und Hoffnungslosigkeit. Ihr könnt darinnen ruhen wie selige Kinder. Da ist Friede. Sobald die Seele sicher ist, erwacht der Geist zu seiner Regsamkeit. Er beginnt in den unermesslichen Weiten des Universums zu atmen. Er weiß, dass er seine Zelte überall aufschlagen kann. Selbst in den Tiefen der Erde. Auch keine der Wesenheiten der Erde ist ihm fremd, wie Zwillinge sind sie ihm bekannt. Aufsteigen und absteigen kann aber auch die atmende Seele durch alle Lebensstufen. Ein besonderes Leben erfasst euch, wenn ihr Ruhe und Sicherheit erfahrt. Ihr erlebt die Treue des Daseins. Es ist euer Lebensfun-

dament. Über euer irdisches Dasein hinausgehend, erlebt ihr die Ruhe, den Frieden und das Licht der jenseitigen Welten. Ich, Sophia, reiche euch dazu die Hand. Ich reiche sie euch, wo ihr euch meinem Wesen anvertraut. Gesundheit ist dort, wo ihr Wege nach innen geht. Von den hohen Geistwesen stammt sie. Sie legen sie in die Erde wie Geistkeime.

· · · DIE UNTERGRÜNDE · · · DER SEELE

Sich nur mit dem Licht, dem Urlicht unseres Wesens vertraut zu machen, reicht nicht hin. Sophia hat uns gegenüber noch andere Aufgaben. Sie möchte dem ganzen Menschen zur Geburt verhelfen. Wir sind vieler Welten Bewohner, heller und gemischter und dunkler. Eine auf Kosten der anderen zu entwickeln wäre ein Fehler. Sophias Ziel ist das Gleichmaß. Sie sagt das mit diesen Worten:

> *Ich wünsche euch mit den unterschiedlichen Welten, denen ihr angehört, zu vereinen. Und ich wünsche noch mehr: Dass ihr begreift, dass sie auch durch euch geeint werden. Das heißt, dass ihr die Kräfte dazu habt, sie zu einen. Sie sind in euch veranlagt. Wenn ihr mich dazu um Hilfe bittet, wird euch gegeben werden, fraglos. Auf mich ist Verlass. Mit eurem Höchsten könnt ihr euer Niederes, das Gefallene und Lose, mit Licht erfüllen. Damit besänftigt ihr. Das Niedere, das Gefallene und Lose ist dasjenige, das euch an die Erde bindet. Diese drei machen euch zu Angehörigen der Erde. Ihnen verdankt ihr eure Geburten. Ohne sie wäret ihr nicht zu Erdenmenschen geworden.*
>
> *Der Atem eurer Seele leitet euch durch viele Welten. Atmend steigt ihr auf und steigt ab und so fort. Bedenkt, dass ich mit euch atme. Wir atmen zusammen. Der Sophienatem geht mit eurem Lebensatem mit. Wenn ihr es erlaubt, könnt ihr diese Gemeinsamkeit zwischen uns erleben. Ihr könnt unseren gemeinsamen Atem mitempfinden, unser gemeinsames Auf- und Absteigen, das sich vor allem zwischen Tag und Nacht und zwischen Nacht und Tag ereignet. Ihr könnt das mitempfinden, wenn ihr es euch wünscht. Euer Einssein ist eine meiner Gaben an euch. Es liegt noch vor euch. Ihr könnt aber damit beginnen, in diesen einheitlichen Menschen einzutreten. In ihm sind wir eins.*

Diese Worte zeigen, dass uns Sophia die Aufmerksamkeit schenken möchte, unser Licht zu schauen. Sie will uns aber auch darauf vorbereiten, mit den Unterwelten unserer Seele bekannt zu werden. Dies sind aber Schmerzenswelten. Die Tiefen der Seele sind alles andere als vergnügliche Regionen. Sie rufen gewaltige Widerstände hervor. Denn wir gehen zu unseren Wunden. Es sind nicht leicht zu ertragende Begegnungen. Man kann sich wappnen:

> *Lerne, dich vor dir selbst zu neigen. Du bist verehrungswürdig. Du kannst dir huldigen. Das mag dir fremd sein, soll dir aber etwas Wichtiges zeigen. Du bist es wert, dass man dir Gunst erweist. Und du bist es wert, dass du dir selbst Gunst erweist. Das Zweite ist Voraussetzung für das Erste. Es ist kurzsichtig, sich nur durch das Interesse, die Gunst und die Liebe der anderen Menschen etwas zu bedeuten. Man sollte sich auch etwas bedeuten aufgrund der Dinge, die bei anderen Menschen gerade das Interesse, die Gunst und die Liebe empfindlich herabdämpfen. Das sind die eigenen Wunden, Mängel und die Schuld. Solange man auf sie schaut, wie andere Menschen darauf zu schauen pflegen, wird man ihnen nie gerecht werden. Solange man sie negiert, verdammt oder ignoriert, hat man ein wesentliches Lebensgesetz noch nicht verstanden. Es lautet: Licht hat Finsternis nötig, weil es sonst ohne Farben wäre. Oder: Manches Licht ist so stark, dass es nur verdunkelt zu ertragen ist. Reifen heißt, Dunkelheit zu sich zu erheben.*
>
> *Eure Wunden, eure Mängel und eure Schuld anzunehmen ist harte Arbeit, ist eine große euch bevorstehende Aufgabe. Inwiefern sie gelingt, entscheidet viel, letztendlich das gesamte Weltgeschehen. Deshalb kommt dem Herabstieg in die Unterwelt der Seele so große Bedeutung zu. Er gilt der Besänftigung, Versöhnung und Heilung der Seele. Sich in dem Bewusstsein der Bedeutung dieser besonderen Unterweltsfahrt zu ihr zu entschließen, versetzt in eine Stimmung, durch die sie erst erfolgreich werden kann.*

Schattenarbeit ist unangenehm, mitunter qualvoll, aber unverzichtbar. Wir überschwemmen sonst andere Menschen und die Gemeinschaft mit Lasten, die nur uns gehören. Schmerzen, die aus erlittenem Leid stammen, sind solche Lasten. Sie stammen nicht nur aus einem, sondern aus vielen Leben. Es ist ein Zeichen des modernen Menschen, dass er seinem verwundeten Wesen Aufmerksamkeit schenken möchte. Er wird seinen Wunden bei allem Widerstand, den er ihnen gegenüber verspürt, nicht ausweichen wollen. Man kann willentlich eine Wunde, eine Verletzung, ins Auge fassen. Besser nimmt man eine, deren Schmerz schon etwas abgeklungen ist. Man setzt sich ihr aus, aber nur soweit ihr Schmerz erträglich bleibt. Mit der Zeit wird man die Erfahrung machen, dass die Wunde nicht nur Schmerz und Enttäuschung und Ohnmacht ist. Das ist da, aber man kann es quasi umgehen, es links liegen lassen. Jede Wunde ist mehr als nur ihr Schmerz. Sie ist viel mehr. Der wichtigere Wesensanteil wird vom Schmerz überdeckt. Er steht hinter dem Schmerz, leuchtet aber durch ihn hindurch.

Indem man auf diese Weise verfährt, kann man die Erfahrung einer ungewöhnlichen Wesensbegegnung machen. Wenn es gelingt, die Aufmerksamkeit hinter den Schmerz zu lenken, den die Wunde immer noch bereitet, und die Aufmerksamkeit aufrechtzuerhalten, offenbart sich eine erhabene Wesenheit. Sie unterscheidet sich von der Erscheinung der Wunde. Sie ist ganz und gar unverletzt. Man wird von ihr milde und liebevoll, ja weisheitsvoll angeschaut. In ihr ist kein Schmerz, keine Zurückhaltung, keine Angst. Man fühlt sich von dieser Wesenheit angenommen. Ihre Gegenwart kann durchaus verwirren und irritieren. Doch man wird sie kennenlernen, zumal sie das wünscht. Bereitwillig antwortet sie auf Fragen, die man hat. Die letzte Zurückhaltung schwindet, wenn man endlich bemerkt, dass sie Gaben hat, die sie einem reichen möchte. Man wird zuerst nicht erkennen, um was es sich handelt. Die Wesenheit liefert die Erklärung dazu, dass es jene Gaben sind, die einem zustehen, denn sie entstammen dem Leid. Sie sind das verwandelte Leid. Man hat Recht auf sie durch das Leid, das man erlitten hat. Diese Gaben sind individuell; über sie soll hier nur so viel gesagt werden, dass es sich bei ihnen um Seelenfähigkeiten, aber auch um Bewusstseinskräfte handelt. Seele und Geist können beiderseits Empfangende sein. Sie empfangen Gaben, die ein besonderes Licht der Seele sind. Die die Seele heimsuchenden Leiderfahrungen stehen zu diesem lichten Wesen wie der Schatten zu dem Licht, von dem er stammt.

Leiderfahrungen sind Erkenntnisorgane für Seeleneigenschaften, von denen wir erst die Schatten wahrnehmen. Man kann auch sagen, dass die Schatten die Vorreiter, die Vorahnungen des Lichtes sind, das wir noch nicht ertragen. Im Leid lebt das Licht schon, aber als Schatten. Es bereitet uns aber darauf vor, das Licht zu empfangen, dem wir noch nicht trauen. Leiderfahrungen sind schrecklich, aber unerlässlich, denn sie wecken Kräfte der Seele, die ohne diese Erfahrungen nicht an die Oberfläche kommen würden.

*

Am Beispiel der Angst wollen wir nun genauer verfolgen, womit wir es bei den Schattenwesen zu tun haben. Ängste sind Wesen, die zu Wesensanteilen der Seele geworden sind. Sie sind recht starke Wesen. Ihre Macht, die Seele zu beherrschen, kann außerordentliche Ausmaße annehmen. Unerbittlich und wiederkehrend markieren sie ihre Herrschaft. Bedrohliche Erfahrungen rufen Ängste hervor, die nicht nur temporär, sondern dauernd mit der Seele verbunden bleiben. Die Angstwesen zeichnen sich dadurch aus, dass sie die Gefühle reproduzieren, die an ihrem Anfang standen. Die Erfahrungen von Ohnmacht, von Verlust, von Demütigungen, von Bedrohungen, von Todesgefahr, die Folgen körperlicher Verletzungen vergehen nicht einfach. Sie lösen sich nicht auf, sondern schreiben sich Körper und Seele ein, sodass sie jederzeit hervorbrechen können. Dass die vergangenen schlimmen Erfahrungen ihre Aktualität behalten, hat seinen Grund. Denn sie haben große Bedeutung für uns. Verletzlichkeit ist ein Grundzug des menschlichen Wesens. Verletzungen sind trotz der Schrecken und Ängste, die sie auslösen, wichtige Ereignisse. Wir können auf sie nicht verzichten, weil wir sonst die für den Menschen konstitutive Gabe verlieren würden, entwicklungsfähige Wesen zu sein. Unsere Entwicklung ist darauf gegründet, verletzt und verwundet werden zu können. Und umgekehrt: zu verletzen und zu verwunden. Leiderfahrungen zu negieren würde dem Menschen ein wesentliches Potenzial seiner Entwicklung nehmen. Ängste geben den Leiderfahrungen die nötige Dauer. Dadurch bleiben die Leiderfahrungen für uns lebendig.

Zu unserer Entwicklung haben wir Gegenspieler nötig. Die Ängste sind solche Gegenspieler. Insofern belehren sie uns. Sie fordern dazu auf, dass wir fragen, wer und was uns in den Ängsten eigentlich bedroht. Wem begegnet der Mensch in ihnen? Die Antwort ist einfach: In den Ängsten begegnet der Mensch sich selbst. Zwar sind die Auslöser Ereignisse, die ihn von außen ereilen. Sie erscheinen willkürlich, zufällig und deshalb ohne Sinn zu sein. Doch in der Angst erfährt der Mensch immer auch sich. Etwas steigt aus den Tiefen der Seele herauf, das von ihm stammt. Ängste sind Ereignisse, mit anderen Worten Wesenheiten, durch die ihm Tiefengeheimnisse seiner Seele zu Bewusstsein kommen.

Nun weist jede Angst auf den Weg zu ihrer Überwindung und Verwandlung hin. Es ist der Weg der Versöhnung mit der Angst. Dieser soll beschrieben werden. Nötig ist dazu, das Wesen der Angst aufzusuchen. Die Angst ist nicht nur ein Gefühl, sie ist ein Wesen. Man kann ihr begegnen. Dazu tritt man innerlich vor es hin. Das Gefühl der Angst und die auslösenden Ereignisse aufzurufen, unterstützt diesen Prozess. Man vergegenwärtigt sich die Ereignisse, die die Angst hervorgerufen haben. Man muss sich nicht an alle Einzelheiten zurückerinnern. Es reicht ein kleiner Zipfel der ursprünglichen Ereignisse. Damit spricht man eine Einladung aus. Diese innerliche Vergegenwärtigung lockt das Wesen hervor. Man kann es nun empfinden oder vor dem inneren Auge schauen. Weiter kann man in ein Gespräch eintreten. Man kann es nach seinen Aufgaben fragen, aber auch nach seinen Bedürfnissen und Wünschen. Damit gibt man ihm die Gelegenheit, etwas von sich und dem Geheimnis seiner eigenen Wandlung zu verraten. Es wird sich zeigen, dass es kein zufriedenes und glückliches Wesen ist. Den Menschen in Angst zu versetzen ist nicht etwas, das ein Wesen erfüllt. Man kann sogar das Bedürfnis entdecken, dass das Angstwesen für das, was es einem antut, um Entschuldigung bittet. Wenn man nach seinen Wünschen an den Menschen fragt, kann es sagen:

Du bist es, der durch die Angst vor sich selbst erscheint. Wenn du meinst, ich beherrsche dich, ist das nicht die ganze Wahrheit. Denn du bist Anlass meiner Existenz. Ich bitte dich, nicht nur auf das hinzublicken, mit dem ich dich bedränge und dir zur Last falle. Das ist die Schattenseite meines Wesens. Auch ich habe eine lichtvolle, eine lichterfüllte Seite. Nimm dich ihr an. Schau das Licht, von dem ich stamme. Schau das Licht, das neben den schattenhaften Wesensaspekten in mir ist. Dann erst schaust du mein ganzes Wesen. Du schaust, wer ich wahrhaft bin. Und du schaust, von wo ich gefallen bin. Mein Ursprung offenbart sich. Meine erhabene Wesensnatur zeigt sich dir. Diese ist natürlich auch in dir. Würdest du sie in dir entwickeln, wäre ich erlöst. Dann wärst du von meinem Schatten, also der Angst, befreit. Indem du mein wahres, im Licht stehendes Wesen schaust, begegnest du den Kräften deiner Seele, die dich von der Angst befreien. Meine lichtvolle Wesensseite ist eine hohe Seeleneigenschaft. Entwickelst du sie, verliert sich die Angst. Ihr Existenzgrund wird ihr genommen. Sie lässt dich frei, nicht weil du sie beherrschst, also ihr gegenüber Stärke beweist, sondern weil du sie durchschaust. Dir wird bewusst, woran sie dich erinnern soll. Es ist ein hohes Licht, eine hohe Seelenfähigkeit, an die sie dich erinnern soll. Doch du hast sie verloren und noch nicht zurückgewonnen. Die Angst zeigt dir an, was in dir noch unentwickelt ist. Die lichtvolle Seite der Angst ist eine hohe Kraft der Seele, die auf ihre Entwicklung wartet. Diese soll von der unter der Angst leidenden Seele empfangen und ausgebildet werden.

· · · LEIDVOLLE ERFAHRUNGEN · · ·

Das Schicksal mutet uns mitunter Erfahrungen zu, von denen wir niemals glaubten, dass wir ihnen gewachsen sein können. Von solchen Erlebnissen gehen besondere Wirkungen aus. Man wird sie nie von sich aus anstreben. Krisen beschädigen das Selbstbild. Die Sicherheit, in der man sich wähnte, bekommt Sprünge. Das Leben, das Dasein steht in einem anderen, ungeahnten Licht da. Krisen sind, gerade weil sie so schmerzhaft sind, Wegweiser durch die Schattenreiche der Seele. Aus welchen Gründen auch immer hat stets die Scheu vor diesen Schattenreichen überwogen. Jetzt wird man dazu gezwungen. Ängste, Ohnmacht und Verzweiflung werden geweckt. Durch sie fällt unser Blick auf die Schatten des Unerlösten, die sich bis dahin still verhalten haben. Mit ihrer Tarnung ist es nun vorbei. Wir hatten geglaubt, ohne sie durchs Leben zu kommen. Doch wir haben uns getäuscht und müssen uns eingestehen, dass Leid augenscheinlich ein Teil des Lebens ist. Unzweifelhaft gehört Leid zu unserer Entwicklung. Leid mag man als eine Ungerechtigkeit empfinden, aber das ändert nichts daran, dass es einem zustößt. Vielmehr scheint es die wahre Meisterschaft, das Leid und was es mit sich bringt, annehmen zu können.

Ohne Menschen an seiner Seite und ihre liebevolle Hilfe wird man diese Meisterschaft wohl kaum entwickeln können. Dennoch können diese den Weg, den das Leid vor einem entrollt, nicht ganz mitgehen. Leid trifft immer den individuellen Menschen. Es ist eine besondere Schule. In ihr lernt man, vor dem Nichts zu stehen. Das ist eine besondere Form des Vertrauens. Man lernt in dieser Schule nie freiwillig, weil ihre Lektionen mit furchtbaren Erlebnissen gespickt sind. Und doch wird ein besonderes Licht der Seele geweckt. Erst wenn man nichts mehr hat, alles einem geraubt wird, man ins Unermessliche zu fallen glaubt, wird man auf dieses Licht aufmerksam werden können. In ihm ist eine unsagbare Gewissheit. Sie trotzt allen Beschreibungen. Es ist die Gewissheit, nicht aus dem Leben herausfallen zu können, ihm immer anzugehören. Sie mag sehr zart sein, unhörbar, verdrängt von allerlei Gefühlen, Gedanken und Empfindungen, die sich gegen sie stellen. Doch es gibt diese Gewissheit. Man kann ihr Aufmerksamkeit schenken. Ihre Schleier sind durchscheinend. Sie möchte sich offenbaren. Nur kann sie es nicht ohne unser Zutun. Wir müssen mit ihr leben lernen wie mit den Schatten.

*

Die Götter erinnern uns durch Ereignisse unseres Schicksals an die Schattenreiche unserer inneren Welten. Sie stellen uns nicht frei, diesen Reichen zu begegnen. Doch sie überlassen uns die heilige Arbeit der Verwandlung. Sie ist unsere Sache. Wir können uns der Hilfe der Götter versichern, aber in den Dunkelregionen der Seele müssen wir den Anfang machen. Am Beginn des Weges der Verwandlung der Schatten liegt ein freier Entschluss.

Dadurch machen wir uns zu Mitarbeitern der Götter. Denn die Arbeit der Verwandlung in den Abgründen der Seele gilt der Versöhnung. Diese mühevollen Reisen verfolgen den Sinn, den göttlichen mit dem irdischen Menschen zu vereinigen. Diese Versöhnung ist ein heiliger Akt. Das Herabsteigen in die eigenen Abgründe geht einher mit dem Erlebnis der eigenen Ängste, der erzwungenen Entbehrungen, der Demütigungen und Bestrafungen, der vielen erlittenen Verletzungen, der kleinen und großen, und auch der Taten, durch die wir schuldig geworden sind. Daran zeigt sich, wie wund wir sind und wie wir uns dem göttlichen Menschen entfremdet haben. Es wird uns aber auch bewusst, dass wir uns wieder mit ihm versöhnen können. Die zahlreichen Verletzungen und Verluste sind Anlass, uns als ein Schöpfer an uns selbst zu erfahren. Durch diese Arbeit der Versöhnung erleben wir eine besondere Kraft unseres Schöpfertums. Diese Kraft befähigt uns, uns mit dem göttlichen Menschen zu versöhnen. Am Dunklen entwickelt sich die Begabung, das Licht unseres Wesens und das Licht der Welt anzunehmen. Das heißt wachsen.

*

Sophia bietet sich als Führerin in die Schmerz-, Leidens- und Schattenreiche der Seele an. Man kann Sophia darum bitten, dass man von ihr geführt wird. Man kann sich ihr anvertrauen. Sie wird nicht zögern, dieser Bitte zu genügen. Sie kennt die Wichtigkeit der Reisen in die Untergründe der Seele. Sie spricht vom Wert, den diese Reisen haben:

> *Es sind eure wahren Abenteuer, eure Schattenreiche zu bereisen. Diese Reisen bereichern euch und werden euch in Zukunft immer mehr bereichern, mehr als es die äußeren Reisen vermögen. Die Geheimnisse der äußeren Welten liegen innen. Innen ist die Wahrheit. Und eure Schattenwelten, eure Wunden sind die großen Antworten. Dort findet ihr, was euch groß, reif und erwachsen macht. Es ist eure Aufgabe, die Schattenwelten kennenzulernen. Von denen, die in euch herrschen, kennt ihr nur die Oberfläche. Vom Bösen, das in euch ist, seid ihr noch weit entfernt. Ihr seid es zu eurem Schutz. Die ersten Dunkelheiten erreicht ihr schon. In euch tauchend, könnt ihr jene bösen und zerstörerischen Mächte und Kräfte kennenlernen, die in Zukunft hervortreten werden. Lernt nur jetzt schon den Umgang mit ihnen. Ihr könnt von mir darin unterwiesen werden.*
>
> *Ich möchte euch eure Wunden zeigen und das Gold, das in euch ist und wirkt und leuchtet. Ihr könnt noch viele Wunder erleben. Ich stelle euch, wenn ihr wollt, die Helferwesen vor, die euch zur Seite stehen. Jene, die euch durch euer Erdenleben begleiten, und jene, die euch durch die geistigen Welten führen wollen.*
>
> *Ihr könnt noch mehr von mir erfragen. Traut euch, fangt an. Jedes*

Leid, das ihr erlitten, jede Wunde, die ihr an euch habt, ist ein besonderes heiliges Land. Es ist von einem Licht, das nirgendwo anders zu finden ist. Es ist das Licht, für das ihr als Menschen sorgt, das von euch, von der Menschheit, geschaffen wird und aufsteigt als eure Gabe an die Wesen des Kosmos. Sucht nach diesen Ländern eurer Seele, nach diesem Licht. Leichter als ihr meint, könnt ihr die Spuren dieses Lichts finden. Ich, Sophia, bin die Erste, nicht aber die Einzige, die euch auf dieser Suche unterstützt.

Jeden Moment ist unsere Seele ein Organ des gestenreichen, klingenden und sprechenden Umkreises, der uns als Menschen umgibt. Die Seele wird durchströmt von Gesten, von Klängen und Worten, von allerlei Sinnesreizen, Empfindungen, Gedanken, Gefühlen und Willensimpulsen. Sie sind unterschiedlichster Natur und stammen aus allen Weltengegenden. Manche erstehen in ihr, andere empfängt sie. Erfüllt von ihnen wird die Seele. Sie ist ein Organ, das aller Welten Glied ist. Wohlweislich erfasst unser Bewusstsein nur einen Bruchteil dieser Fülle. Sonst wären wir den allseitigen sinnlichen und übersinnlichen Wirkungen heillos ausgeliefert. Der Begrenzung unseres Bewusstseins ist dieser Schutz geschuldet. Unserem Ich verdanken wir, dieser ungeheuren Seelenfülle nicht zu erliegen. Es sorgt dafür, dass wir uns trotzdem als ein Zentrum empfinden. Unser Ich gleicht einem Stern, einem Feuer, einem Licht, unsere Seele einem weiten Wasser, das den Strömungen, dem Licht, dem Wind, der Kälte und Wärme, Tag und Nacht und den Jahreszeiten ausgesetzt ist. In uns hallen die sinnlichen und übersinnlichen Welten samt ihrer zahlreichen Wesen wider. Trotzdem es nicht so scheinen mag, ist dieser Widerhall alles andere als beliebig. Er verspricht, auch wenn er die Kraft hat, uns zu überwältigen, Erkenntnis, zuweilen tiefe Erkenntnis.

Dem allermeisten gegenüber, was unsere Seele empfängt, sind wir Träumer, Schläfer. Aber dafür, dass wir langsam erwachen, ist gesorgt. Neue Wahrnehmungsfähigkeiten finden sich ein. Die Sphäre der unmittelbaren Erfahrungen wird uns zugänglicher und zugänglicher. Nicht länger müssen wir uns Weltanschauungen beugen und anpassen. Stattdessen können wir unseren Erkenntniskräften vertrauen. Sie zu entdecken und zu erüben ist eine wesentliche Arbeit für diejenigen, die sich um eine spirituelle Sichtweise bemühen. Wir beginnen uns auf eine neue Weise in unserer Seele heimatlich zu fühlen. Es ist zu spüren, dass sie mit uns spricht. Man kann sagen, die Seele offenbart uns ihr schwesterliches Wesen. Wie eine Vertraute, eine Freundin, ein Freund tritt sie vor uns hin. Ihre Geheimnisse will sie nicht mehr für sich behalten. Sie will sie teilen.

*

Die Seele ist weisheitsvoll. Mit unserem Bewusstseinslicht können wir so weit in die Seele untertauchen, bis wir auf ihren goldenen Grund treffen. Ihn zu betreten sind wir eingeladen. Unser Bewusstsein hat alle Kraft, sich dort einzufinden. Jeder Sinneseindruck, den wir empfangen, vereint sich mit dem Goldgrund der Seele. Er fällt in ihr Seelengold. Dort beginnt das Wesen, von dem der Eindruck stammt, zu uns zu sprechen. Dieser in die Seele fallende Eindruck ist die Brücke, das Band zwischen uns und den anderen Wesen, den Pflanzen, den Tieren, den anderen Menschen. Dass wir das andere Wesen wahrnehmen, ist das eine, dass mit der Wahrnehmung ein Band erwacht, das uns mit ihm und mit der Wesenswelt vereint, ist das andere.

So ist beispielsweise die Gestalt, in der eine Pflanze vor uns erscheint, der sinnliche Ausdruck ihres Wesens. So tritt jede im Kleid seiner pflanzlichen Gestalt vor uns hin. Diese ist ihre sinnliche Erscheinung. Die sinnliche Gestalt steht uns vor Augen, wir schauen die Entwicklung der Pflanze, ihre Organe, die Farben und Formen, die sie hervorbringt. Aber ihr Wesen haben wir damit nicht geschaut.

Erst wenn wir den Wesenheiten begegnen, die die sinnliche Gestalt hervorbringen, zeigt sich uns das Wesen. Insofern liegt die Wesenswelt in der Sinneswelt verborgen. Sie offenbart sich aber unserem Seelengoldgrund. Denn was in ihn hineinfällt und aufgenommen wird, spricht. Nur spricht es nicht unbedingt in der Weise, die wir erwarten. Denn was in uns hineinfällt und vom Gold unserer Seele aufgenommen wird, zeigt uns Seiten des Daseins, die uns bisher unbekannt waren. Wir haben es mit einer vollkommen neuen Sicht auf die Welt zu tun. Dass wir es nicht leicht haben, diese neuen Erfahrungen zu ordnen und zu verstehen, ist begreiflich. Indem wir alle Anstalten treffen, die Wesen mit unserem Seelengold zu empfangen, beginnen sie in einer Sprache zu sprechen, die uns noch nicht geläufig ist. Wir werden diese neue Sprache noch lernen müssen.

*

Wir tragen in uns den Schlüssel, durch den wir die anderen Welten und Wesen erkennen können. Erkennen ist ein Widerhallen. Doch erscheinen und erklingen und sprechen die Welten und ihre Wesen nicht in uns, um unsere Wünsche und Bedürfnisse zu erfüllen, sondern um sich auszusprechen und zu offenbaren. Ihr Widerhall in uns entspringt den Wünschen, die sie an uns haben. Im Grunde ist es unsere Gabe an sie. Deshalb ist es unnötig, dass wir etwas von uns in diesen Widerhall hineinmischen. Wir müssen lernen, uns aller Einmischung zu enthalten.

Jedes Wesen erklingt in jedem Menschen auf eine andere Weise. Diese Unterschiede sind heilig. Damit geben wir den Wesen die Möglichkeit, zu jedem von uns anders zu sprechen und jeweils andere Seiten ihres Daseins offenbar werden zu lassen. Die Wesen der Pflanzen und Tiere, die Wesen der elementaren Welt und die Wesenheiten der Hierarchien möchten nicht von jedem von uns auf gleiche Weise geschaut und erkannt werden. Unsere Vielfalt ist für sie ein Segen. Denn sie offenbaren ihre Vielfalt durch unsere. Deshalb muss man sich nicht wundern, wenn jeder von uns zu anderen Wesenserkenntnissen kommt. Es ist eigentlich anzustreben. Mit jedem sprechen die Wesen in einem anderen «Dialekt». Wir sind aufgefordert, unseren kennenzulernen. Keiner von uns hört auf die gleiche Weise. Das wäre widernatürlich. Wahr ist hingegen, dass uns die Wesenheiten der Erde auf die Art unseres individuellen Lauschens und Verstehens aufmerksam machen. Sie sind sehr daran interessiert, dass wir in dieser Richtung Fortschritte machen. Ihre Zusammenarbeit mit uns hat das Ziel, uns so zu unterweisen, dass wir unseren eigenen Dialekt kennenlernen.

Sich über die verschiedenen Dialekte auszutauschen ist eine wichtige Arbeit. Sie dient dazu, andere Erkenntnisweisen kennenzulernen und damit seine eigene zu festigen. Wir sollten uns mehr darüber unterhalten, wie wir lauschen, in welcher Weise wir Sinnliches und Übersinnliches wahrnehmen und welche Wege diese Wahrnehmungen in der Seele nehmen. Uns unsere Unterschiede vorzuhalten ist ein wesentlicher Schritt, denn sie zeichnen uns voreinander aus.

*

Aus dem Goldgrund unserer Seele tritt Sophia auf uns zu. Wir können sie als Hüterin unseres Seelengoldgrundes erfahren. Sie hütet unser Tiefstes. Sie hütet es so, dass sie es uns offenbar werden lässt. Sie lädt uns ein, es mit ihr kennenzulernen. Sophia unterweist uns, unserer göttlichen Natur gewahr zu werden. Meditationen, in denen man Sophia als die Hüterin des Goldgrundes der Seele aufsucht, führen zu tiefen Begegnungen. Sie legen den Grund einer Festigkeit und Stärke, die sich allmählich über unser eigenes Wesen und Leben ausbreiten.

Sophia haben wir als die Gottheit kennengelernt, die wünscht, dass wir uns nicht von Zielen bestimmen lassen, sondern der Unmittelbarkeit des Seins begegnen. Die Wirklichkeit, die uns umgibt, spricht. Sie enthält Botschaften ohne Ende. Sophia möchte uns das Lesen der Wirklichkeit lehren. Sie möchte uns zu wahrhaft Lauschenden und Lesenden der Wirklichkeit machen. Mit dem Wunsch, dieses Lauschen und Lesen zu lernen, kann man immer wieder zu Sophia gelangen. Sie wird nicht müde, uns darin zu unterweisen. Sie weist hin auf das Geheimnis des Zurückhaltens alles Intellektuellen und Verstandesmäßigen. Wo diese sich in den Vordergrund schieben, weicht das Wesenhafte vor der Erfahrung zurück. Verdrängt wird dasjenige, was von den Wesen und Dingen zur Seele spricht. Zum Wesenhaften gelangt man, wenn man dem Wunsch nicht nachgibt, die Weltphänomene von der eigenen Warte aus ordnen und einteilen zu wollen. Den Wesen und Dingen ihr Leben und Dasein zu lassen, sich jeder Einmischung zu enthalten, ermöglicht ihnen, uns ihre Form der Ordnung und die Verhältnisse und Beziehungen, die zwischen ihnen bestehen, mitzuteilen. Mit allerlei Zeichen tut sich das lebendige Sein jeden Moment kund. Falls wir diese Zeichen noch nicht lesen und verstehen können, können wir sie Sophia vorlegen. Wir können sie, was diese Zeichen betrifft, um Rat fragen. Wir können den Teil der lebendigen Zeichenschrift, die uns noch unverständlich ist, Sophia zur Übersetzung unterbreiten.

An dieser Stelle möchte ich einen Spruch niederlegen, der eine Anrufung Sophias darstellt. Er ist das lebendige Gegenstück des Gebetes an Sophia am Ende des ersten Teils des Buches:

Sophia
anrufe ich dich
Hüterin des hohen Lebens der Seele
Schutz finde ich bei dir
im Zukunftslicht des Seins
umwirbst du mich
wie ich dich umwerbe

Aufsteht in mir dein Licht
und steigt hinab
als der Segen meines Herzens
erheben wollend
was gefallen
dunkel
erniedrigt ist
um sich dem reinen kosmischen Sein
anzuvertrauen
mit ihm vermählt zu werden
und vereinigt zu sein

Dass Maria Magdalena hier auftaucht, mag verwundern. Es ist schlicht der Gewissheit geschuldet, dass sie nicht in einem Buch fehlen darf, das von Sophia handelt. Die Geistwesenheit der Maria Magdalena übt eine starke Wirkung auf die menschliche Seele aus. Indem man diese Geistwesenheit aufsucht, kann man dieser Wirkung gewahr werden. Maria Magdalena steht der suchenden Seele sehr nahe. Sie ist mit ihr in einer gewissen Weise verschwistert, bevor der Mensch sich auf den Weg macht, ihr bewusst zu begegnen. Begegnungen mit Maria Magdalena überraschen. Besondere Eindrücke, Empfindungen und Wahrnehmungen werden sich einstellen, die sich dahingehend verdichten, von einem Auftrag zu reden, den Maria Magdalena in Bezug auf die Menschenseele hat.

In der geistigen Welt findet sich ein Ort, der sich als der Tempel der Maria Magdalena bezeichnen lässt. In ihn eingelassen zu werden, kann die Seele bitten. Auf Wunsch kann sich die Seele an seine Pforte führen lassen und eintreten. In diesem Tempel kann sie sich von den Gaben Maria Magdalenas beschenken lassen. Magdalenas Schulung richtet sich wie die Sophias an die einzigartige Individualität jedes Menschen. So viel soll hier gesagt sein, dass die Seele gelehrt wird, die Kräfte und Gaben, über die sie verfügt, zu erleben und zu verstehen. Maria Magdalenas Lehren vermitteln das Königtum des Menschen über die Gaben seiner Seele. Sie schließen die Empfindungen und Wahrnehmungen auf für die verschiedenen Regionen der Seele, die dunklen und die hellen und alle gemischten. Sie vermitteln die Kraft der Autonomie des Ich gegenüber den mitunter auch widerstreitenden Kräften der Seele.

Daneben vermittelt Maria Magdalena Kenntnisse über das Wesen und die Stufen der Liebe. In ihrem Tempel lässt sich darüber Aufschluss erlangen. Man kann das Glück haben, Stufe für Stufe von der niederen zur höchsten Liebe geführt zu werden. Dadurch prägen sich bedeutende und äußerst wirksame Bilder in die Seele ein. Deren Wirkungen lassen sich später im Alltag wie kleine Überraschungen und Geschenke der geistigen Welt, wie heilige Kleinode, in der Seele auffinden.

*

Maria Magdalena und Jesus haben viele Gespräche geführt. Meistens haben sie in der Nacht stattgefunden. Tatsächlich ist es eine interessante Forschungsfrage, dem nachzugehen, was sie besprochen haben. Nach meinen Erfahrungen ist diesen Gesprächen eine Kraft eigen, die erlaubt, innere Bilder jener Inhalte zu empfangen, die sie unter sich bewegt haben. Ihre Gespräche haben deutliche Spuren im Äther der Erde hinterlassen. Wenn man sich der Geistwirklichkeit hingibt, die zwischen Maria Magdalena und Jesus lebt, kann man diese Spuren finden. Diese Inhalte sind für unsere Zeit von Bedeutung. Der Austausch, den Maria Magdalena und Jesus miteinander pflegten, war beidseitig. Sie lernten voneinander. Jeder hörte den Worten des anderen sehr aufmerksam zu. Denn bisher Unbekanntes offenbarte sich durch den anderen. Man kann deshalb davon sprechen, dass eine gegenseitige Einweihung stattfand. Maria Magdalena unterwies Jesus und er unterwies Maria Magdalena. Sie führten sich gegenseitig zu neuen Einsichten und Erkenntnissen. Jesus empfing Kenntnisse und Kräfte von Maria Magdalena, die er nur durch sie empfangen konnte, und umgekehrt. Das geistige und seelische Band zwischen beiden ist bis in unsere Zeit bedeutungsvoll.

Es lohnt sich, dieses besondere Leben zu erlauschen. Man wird nicht immer Worte oder Sätze vernehmen, sondern Seelenstimmungen und Seelengesten. Das Feld zwischen beiden ist tatsächlich von besonderen Seelenqualitäten durchtränkt. Sie auch nur anfänglich zu erahnen, erfüllt die Seele und vermittelt ihr Kräfte, die sie dankbar annimmt und die in ihr zu wachsen und zu reifen beginnen.

Sophia ist in aller Stille tätig. Ihre Zeichen sind unaufdringlich. Sie sucht nach dem Ich des Menschen. Mit ihm möchte sie sich verbinden. In das Ich möchte sie sich einleben. Doch ist sie darauf angewiesen, dass ihr Wunsch angenommen wird. Sie wird sich nicht unerlaubt mit dem Menschen vereinen. Nötig ist, dass er sie einlädt. Sophia zwingt ihre Geheimnisse niemandem auf. Ihre Gaben stehen in Übereinstimmung mit dem Weg des Menschen zur inneren Freiheit. Darin leuchtet auf, was das Verhältnis zwischen dem Menschen und den Wesen der geistigen Welten zunehmend bestimmen wird. Die Wirksamkeit der Wesen der geistigen Welt für die Erde wird in Zukunft mit der Freiheit des Menschen vereinbar sein müssen. Sophia trägt die zukünftige Stellung des Menschen zur geistigen Welt an die Seele heran. Das gibt allen Annäherungen an sie einen besonderen Zauber. Ihre Gegenwart, ihr Erscheinen, die Zwiegespräche mit ihr sind von einem zukünftigen Licht erfüllt, das schon auf uns fällt.

*

Der Vermählung mit Sophia stehen wir noch recht unerfahren gegenüber. Wir nähern uns diesem Geschehen voller Fragen, vorsichtig und tastend. Erfahrungen stehen noch weitgehend aus. Offenkundig weist das Geheimnis der Vermählung mit Sophia in die Zukunft. Es ist ein Wandlungsgeschehen, das wir erst anfänglich verstehen. Die Vermählung mit Sophia ist voller Ahnungen. Auch hier erweist sich die Meditation als ein sinnvolles Mittel, dieser Ahnungen Herr zu werden. Soweit man es möchte, kann man sich von Sophia Bilder wünschen, die das Ereignis der Vermählung mit ihr vor die Seele rücken. Damit praktiziert man eine kraftvolle Meditation. Es ist sicherlich eine Schlüsselmeditation. Man kann sich ihr wiederholt widmen und wird jedes Mal Neues und Unerwartetes erfahren. Müsste man sich auf eine Meditation bezüglich Sophia beschränken, böte sich diese sicherlich an.

*

Die Vermählung des menschlichen Ich mit Sophia bedeutet die Vermählung des kosmischen mit dem irdischen Wesen des Menschen. Sophia hütet unseren kosmischen Wesensanteil. Wir haben nur ein anfängliches Bewusstsein unserer kosmischen Wesensnatur. Sophia stärkt dieses Bewusstsein. Sie möchte uns unsere Weisheitsnatur offenbar werden lassen. Sophia strebt danach, unser kosmisches Wesen mit jenem, das dem irdischen Dasein zugewandt ist und angehört, zu vereinigen. Indem wir uns Sophia anvertrauen, beginnt ein Prozess, der dahin führt, unser kosmisches Wesen mit unserem irdischen zu vermählen. Dazu Worte Sophias:

> *In mir vereinen sich alle Gegensätze. Ich schließe die Wunden. Jenseits alles Getrennten, alles Wunden und Widersprechenden stehe ich. Meine Herrschaft mischt sich nicht mit den Schatten, den Widersprüchen und dem Leid. Sie heben sich in mir auf. Gerade deshalb bin ich Hüterin der Schatten, der Widersprüche und des Leids. Als diese bin ich anrufbar. Als diese bin ich begreifbar und von den Seelen derer, die des Trostes und der Heilung bedürfen, zu empfangen. Meine Berührungen sind zart. Ich bin auf das Entgegenkommen der Menschen angewiesen. Ohne dich, o Mensch, kann ich nicht zur Wirkung kommen lassen, was in mir veranlagt ist. Wir sind Geschwister. Eigentlich sind wir uns gegenseitig Mutter und Kind.*
>
> *Ich lausche euren Worten. Sie steigen in mir auf. Alle eure inneren Regungen vereinen sich mit meinem Wesen. Von dem her sind wir miteinander vermählt. Wir sind es längst trotz unserer unterschiedlichen Naturen. Ich habe euch das Ja-Wort längst gegeben.*

Auf eures warte ich noch. Ihr seid gefallene Engel, ein gefallenes Göttergeschlecht. Ihr seid damit gezeichnet und ausgezeichnet. Denn euer Fall in die materielle Welt ist gleichzeitig euer Aufstieg und der Aufgang eines neuen Lebens und Daseins. Ihr seid in diesem Aufgang begriffen. Mit allen damit verbundenen Folgen.
Ich reiche euch die Hand.
Ich reiche euch den Ring.
Ich reiche euch den Kelch.
Nehmt an, was ihr annehmen wollt und könnt. Reichen tue ich es euch ununterbrochen. Dessen könnt ihr euch jederzeit sicher sein. So vollzieht sich unsere Vermählung, indem ihr meine Hand nehmt, dann den Ring und schließlich den Kelch. Fortschreitend empfangt ihr mich. Euch habe ich längst empfangen.

*

Sich mit Sophia zu vereinigen gibt es viele Wege. Es sind innere Wege. Einige haben in dieses Buch Einlass gefunden. Sie lassen sich in der Meditation erlauschen. Sophia erscheint als ein hohes Wesen, das schon tief mit unserer Menschennatur verbunden ist. Ihr Nahesein, ihr Vereinigtsein mit uns ist recht konkret. Ihr Wesen ist eins mit unserer Seele. Auf die Meditation des Verbundenseins und der Einheit Sophias mit der menschlichen Seele können bedeutende Erkenntnisse folgen. Beispielsweise tritt Sophia als die denkende, fühlende und wollende Sophia in Erscheinung. Sie ist in unserem Denken, Fühlen und Wollen keimhaft anwesend. Sie trägt und erkraftet und wandelt diese drei Eigenschaften der Seele, wenn wir es zulassen. Sophia nimmt sich aber auch unserer Wunden an. Sie lebt in dem, was in uns verletzt und wund ist. Als Gottheit ist sie auch die Verletzte. Vereint ist sie mit unseren Mängeln, unseren Schwächen, mit unserer Schuld. Aber auch mit unseren voreiligen Urteilen, mit dem Hang zum Bösen und Schlechten. Dort, wo wir am dunkelsten sind, ist sie schon. Ebenso ist sie eins mit unserer vollkommenen Wesenheit. Dort ist sie, wo wir Götter sind, die von der Erde angenommen werden und die sich der Erde annehmen. Mit den Wesensaspekten unserer Seele offenbaren sich der meditativen Aufmerksamkeit Wesensaspekte Sophias. Damit zeigt sich der Zauber Sophias, von dem schon die Rede war. Er besteht darin, dass sie sich unser längst angenommen hat. Was an uns unbewusst ist, ist längst mit Sophia vermählt. Sich als bewusste Wesen mit ihr zu vermählen, setzt aber eine freie Wahl und Tat voraus.

· · · VON DER WIEDERKEHR · · · SOPHIAS

Unspektakulär vollzieht sich die Wiederkehr Sophias. Im Menschen findet sie statt, in der Stille der sich ihrer selbst gewahr werdenden Seele. Sophia, die als ein hohes kosmisches Wesen die Erde zu ihrer Wohnstätte erkoren hat, bedarf vonseiten des Menschen einer bestimmten Bewusstseinskraft. Wir übersehen sie sonst. Sie, die Empfangende und Gebende, setzt voraus, dass wir die Gebiete und Länder unserer Seele kennenlernen wollen. Sie tritt uns durch die hellen und die dunklen entgegen. Sophia erscheint in unserem Inneren und Innersten. Sie kann von uns in unserem reinen Seelenspiegel erlebt und empfangen werden. Er ist der Ort, an dem ihre Wiederkehr uns bewusst wird. Seelenreinheit, also das Erwachen für unseren Seelengoldgrund, ist vonnöten, ihrer Wiederkehr beiwohnen zu können.

Sophia weist Wege zu dem Menschen, der in allen Welten zu Hause ist. Angesichts dieses in vielen Welten beheimateten Menschen verändert sich der Blick auf die herrschende soziale und wirtschaftliche Wirklichkeit. Die Gewissheit erwacht, dass wir die Wunden, die wir der Erde zugefügt haben und weiterhin zufügen, wieder heilen können. Der Mensch aller Welten verfügt über die Mittel der Heilung, die immer nötiger werden. Das gilt auch für die Wunden, die sich die Menschen untereinander zugefügt haben und zufügen. Auch diese können wieder heilen. Aber wir werden diese heilenden Fähigkeiten nicht aus uns selbst erlangen, sondern nur, indem wir dazu die Hilfe der Wesen der geistigen Welten erbitten und empfangen. Wir verwirklichen den Menschen aller Welten nur langsam und nur mithilfe der geistigen Welten und ihrer Wesen. Sophia ist diesbezüglich eine führende Wesenheit.

Mit der Wiederkehr Sophias geht das Vermögen einher, Gedankensystemen ihre zwingende und schädliche Macht über die Seele des Menschen zu nehmen. Gedanken verlieren mit Sophia ihre unerbittliche Macht. Der Mensch muss nicht mehr Gedanken oder Gedankensystemen folgen, er folgt zunehmend sich selbst. In ihrer geistigen Schule erteilt Sophia Lektionen, die diesem Sachverhalt gewidmet sind. Sie verwendet viel Aufmerksamkeit auf jene Kräfte, mit denen der einzelne Mensch sich selbst annimmt und fremdem Einfluss widersteht.

*

Traditionell wird Sophia als eine weibliche Gottheit vorgestellt. Das darf nicht darüber hinwegtäuschen, dass ihr Wesen jenseits alles Geschlechtlichen steht. Das Wesen der Weisheit lässt sich nicht geschlechtlich bestimmen. In ihr ausschließlich ein weibliches Wesen zu sehen, wäre eine Einseitigkeit. Sophia ist die Geste der Versöhnung eigen. Das macht sie über jede Einseitigkeit erhaben. Sie ist nicht weiblich und nicht männlich, sondern von ihr geht die Heilung dieser Polarität aus. Dass Sophia traditionell weiblich erscheint, mag daran liegen, dass das weibliche Prinzip, bevor sich die großen monotheistischen Religionen ausbreiteten, als das ursprüngliche Prinzip gegolten hat. Der Ursprung wurde weiblich empfunden. Göttinnen standen am Anfang der Schöpfung.

Sophia ist die Überwinderin aller Glaubenssätze und damit Heilerin aller Gegensätze, alles Widerstreitenden und Getrennten. Sie heilt die Wunden, die daraus entstanden und entstehen, dass sich der Mensch einer Einseitigkeit verschreibt. Wenn der Mann denkt, er sei Mann, oder die Frau denkt, sie sei eine Frau, haben sie die Prägung durch die Leiblichkeit im Auge. Aber sie haben nicht sich im Auge. Das hohe Wesen des Menschen steht wie Sophia jenseits aller Geschlechtlichkeit. Es ist mitnichten geschlechtlich bestimmt. Diese Natur zu erfahren ist ein Blick in die Zukunft. Einst wird sich der Mensch von seiner Geschlechtlichkeit gelöst haben. Sophia weist schon heute auf diesen zukünftigen Seinszustand hin.

Sie möchte, dass wir den Keim jenes Wesens entdecken, das wir heute mehr schlecht als recht mit dem Wort androgyn bezeichnen würden.

*

Von Sophia stammen diese Worte:

> *Wiedergekehrt bin ich längst. Es liegt an euch, meine Spuren zu finden. Längst bin ich um euch, in euch und mit euch. Je kindlicher ihr werdet, je mehr ihr euch vertraut, eurem kosmischen Wesen, desto näher kommt ihr mir. Es ist kein großes Geheimnis, mir näherzutreten. Es hat nichts mit Anstrengung zu tun, sondern mit Vertrauen. Streckt euch nur ein wenig und ihr schaut mich. Denn nichts gibt es, wo ich nicht bin. Richtet euch auf, bis ihr in eurer Seelensonne steht. Es ist die Sonne eures kosmischen Seelenwesens. In ihrem Licht stehe ich und mit ihm bin ich vereinigt.*
>
> *Da bin ich, weil ihr ohne mich nicht weiterkommt. Ihr braucht mich, um dem ganzen Menschen, der ihr seid, zur Geburt zu verhelfen. Und ihr braucht mich, der Erde gegenüber die Verantwortung anzunehmen, die nötig ist, euch in eurem Aufstieg mit ihr zu vereinigen. Euch und die Erde bewahre ich vor dem Fall. Bedenkt das. Bewegt euch auf die Erde zu. Sie hat Menschen nötig, die ihr kosmisches Wesen erkennen. Die Erde braucht das Licht der Menschen, um sich in den Stern zu wandeln, in den zu wandeln ihr beschieden ist.*

*

Sophia schreitet dem Menschen voran. Tatsächlich lässt sich Sophia als eine Wesenheit erleben, die unserem Lebensweg voranschreitet. Ihr voranschreitendes Wesen lässt sich konkret wahrnehmen. Sophia geht mir voran. Ich kann mich ihr anschließen. Ich kann schauen, wohin sie geht, wie sie sich verhält und entscheidet. Auf diese Weise wirbt Sophia darum, dass wir jene Kräfte bemerken und annehmen, die schon in uns sind. Sie möchte, dass wir uns dem weisheitsvollen Wesen unseres Selbst zuwenden. In ihm sind viele Wege und Zimmer. Wir stehen mit der Erforschung unserer eigener Wesenheit erst am Anfang. Sophia regt uns an, dass wir uns unserer Wesenheit gegenüber forschend betätigen. Sophia folgen heißt: diese Forschung annehmen. Worte Sophias dazu:

Nicht Glauben soll euch leiten, nicht Vermutungen und Ahnungen, sondern Wissen und Kenntnisse. Das gilt im Besonderen eurem eigenen Wesen gegenüber. Euch vorangehen bedeutet für mich, euch etwas zu zeigen, dem ihr erst in Zukunft vollständig genügen werdet. Das Zukünftige ist ein kräftiger Lebensstrom, der seine volle Macht erst entwickelt, wenn ihr es wagt, euch ihm anzuschließen. Er treibt das Leben und Dasein und auch euch. Doch euch treibt er nur, wenn ihr euch bereit erklärt dazu. Passiv wirkt die Zukunft nicht in meinem Sinn. Sie wirkt nur aktiv, indem ihr euch in den Zukunftsstrom hineinbegebt, der euch von eurem weisheitserfüllten Selbst her umspült. Ihr müsst nicht an die Zukunft glauben, ihr könnt sie als einen Wesensaspekt eures Selbst erleben. Ihr könnt darum bitten, diesen Strom zu empfangen. Ihr könnt eure Wahrnehmung für ihn schärfen. Was dadurch geschieht, ist, dass ihr den Menschen empfindet, der ihr einmal sein werdet. Ihr lernt, aus seiner Warte auf die Welt, wie sie ist, und auf euch, wie ihr seid, zu schauen. Ihr gewinnt eine neue Sicht auf die Dinge und auf euch. Ich möchte euch jetzt schon sagen, dass diese Sicht sehr ernüchternd sein wird. Die Wahrheit ist ernüchternd. Sie offenbart die Lügen, die Schwächen und Illusionen, denen die Menschen und denen ihr erliegt. Dennoch besteht kein Zweifel, dass dieser Blick wichtig ist, denn er schult euch für die wahre Wesensgestalt der Wirklichkeit und für die vollständige Wesenheit eures Selbst. Indem ihr den Zukunftsmenschen kennenlernt, der als kräftiger Keim schon in euch ist, werdet ihr euch dessen bewusst, wer ihr seid und was aus euch noch alles wachsen und entstehen kann. Aber euch wird auch bewusst, woran ihr leidet und was ihr tun könnt, um dieses Leiden nicht zu vermehren, sondern zu vermindern. Ich bin das Licht der Zukunft. Euer zukünftiges Sein möchte ich euch bewusst machen. Es soll schon kräftig zu leuchten beginnen. Das heißt, sich in meine Gefolgschaft begeben.

*

Als das Manuskript zum Buch beinahe abgeschlossen war, empfing ich diese Worte Sophias, die ich den Lesenden nicht vorenthalten möchte:

Die Erde ist Bild eurer göttlichen Natur. Sie tritt euch als das entgegen, was von eurer wahren Natur nach außen, ins Irdische gelangt ist. Euer Ursprung ist mit dem der Erde vereint. Eure Tätigkeit an der Erde, die Verwandlungen, denen ihr sie unterzieht, die Bildung eurer menschlichen Welt, die Städte, die ihr errichtet, die Technik, die ihr entwickelt, die Kultur und das Soziale, das ihr schafft, ist euer Werk. Mit diesen Werken stellt ihr euch der geistigen Welt entgegen. Das ist eure Welt. Sie ist euch gewährt als euer Raum der Entwicklung, eurer Weiterentwicklung und Höherentwicklung. Euch wurde erlaubt, euch von der geistigen Welt abzunabeln. Das geschah, damit ihr durch und an euren Werken zum unabhängigen, selbstbestimmten Menschen aufsteigt.

Nun beginnt meine Wiederkehr. Denn ihr habt den Punkt erreicht, an dem ihr die Hilfen der geistigen Welt wieder nötig habt. Meine Hinwendung zu euch geht eurer Hinwendung zu mir voraus. Die Zeit, in der ihr ohne mich sein konntet, hat sich geneigt. Ich komme, um euch als freie Wesen zu empfangen. Das heißt nicht, dass eure Entwicklung zu freien Menschen abgeschlossen wäre, sie ist es nicht, aber ihr könnt euch auf meine Nähe und Hilfe wieder verlassen, damit ihr den Schutz und die Begleitung habt, die euer junges

Ich nötig hat. Denn ihr werdet immer jünger und kindlicher. Denn ihr beginnt wieder, die geistige Welt in euer Wesen aufzunehmen. Deshalb komme ich, um euch als neue Kinder zu begleiten.
Meine Wiederkehr ist an die Entwicklung des Ich gebunden. Sobald ihr Gaben der Freiheit gewahr werdet, die Gegenwart der geistigen Welten und euch als Wesen an der Schwelle erkennt, beginnt meine Wiederkehr für euch zu einem inneren Erlebnis zu werden. Ihr seid bereit, mich zu empfangen. Meine Wesenheit tritt vor eure.

*

Abschließend möchte ich sieben Meditationsinhalte vorstellen. Sie mögen dazu dienen, in ein einfühlendes und erkennendes Verhältnis zur Sophiawesenheit zu treten. In ihnen liegen Zeichen ihrer Wiederkehr. Jede Meditation ist ein Tor. Sie stehen zwischen Sophia und der menschlichen Seele. Jedes ist ein Beleg für die Einheit der menschlichen Seele mit Sophia.

In der Stille der Seele ist ein besonderer Punkt. Es ist der Punkt der lebendigen Selbstbetrachtung des Ich. In ihm beginnen sich die Tiefen der Seele, ihre Vermögen und ihre Kräfte zu offenbaren. Dort, wo das Bewusstsein in das geheimnisvolle Leben der Seele eintaucht, setzt die Wandlung ein, für die Sophia steht. Hier kann ihr Einfluss, ihr Wesen und der Weg zu ihr wahrgenommen werden. Wo die Seele auf sich selbst lauscht, beginnt Sophia zu sprechen.

Mit Sophia erwacht in der Seele die Kraft, die Leid mildern und Wunden heilen kann. Dieses weisheitsvolle, heilende Vermögen charakterisiert die menschliche Seele. Es ist eine wesentliche Quelle ihres Wesens. Sophia begabt den Menschen, trotz aller Umstände, trotz aller Hindernisse und Schmerzen seinem ursprünglichen Wesen treu zu sein und zu bleiben.

Sophia lehrt den Menschen den Blick für den großen Zusammenklang aller Wesenheiten, der sichtbaren und der unsichtbaren. Jedes Einzelwesen findet seine Erfüllung nur im und durch das Dasein der anderen Wesenheiten. Durch die Unterweisungen Sophias erlebt der Mensch, dass seine Existenz, sein Dasein und seine Entwicklung an die Existenz, das Dasein und die Entwicklung aller anderen Wesen gebunden sind.

Wunden sind notwendig, damit das Getrennte sich wieder eint. Den Schmerz über die Entzweiung des Daseins zu erleiden, führt erst dazu, sich den Kräften der Heilung anzuvertrauen.

Der Kampf hat seine Berechtigung verloren. An seine Stelle tritt die Wertschätzung und Wahrnehmung des fremden Anderen. Das unbedingt Gemeinschaftliche aller Wesen offenbart sich in dem Bedürfnis nach Wesenserfahrung und tiefer Wesenserkenntnis.

Sophia schlägt die Brücke, die den Menschen mit jenen Kräften seines Wesens verbindet, die er seinem Intellekt und der Fähigkeit zur Abstraktion geopfert hat. Die Fähigkeit zur Abstraktion ist notwendig, hat ihn aber etwas gekostet. Offensichtlich führt dieser Verlust ins Verderben. Die Brücke betreten, die Sophia spannt, bedeutet, sich der eigenen Wahrheit und dem wahren Wesen der Welt wieder zuzuwenden, also in die ganze Wahrheit einzutreten, von der die Abstraktion nur ein Teil ist.

Friede ist eine lebendige und unmittelbar wirkende Kraft. Sie ist eine Gabe, die von jedem Menschen in jedem Moment an jedem Ort gefunden, also empfunden und empfangen werden kann. Sie ist längst in ihm – Sophia spendet sie.

· · · BILDER · · ·

Die folgenden Zeichnungen sollen zeigen, dass der Umgang mit Sophia im Empfangen innerer Bilder bestehen kann. Meine Aufmerksamkeit ist in der Gegenwart Sophias immer wieder auf solche innere Bilder gelenkt worden. Einige sind hier festgehalten. Auf die Bildgewalt Sophias ist schon hingewiesen worden. Sie wünscht, der Seele Wahrbilder zu vermitteln. Das tut sie andauernd in der Nacht, wenn der Mensch schläft. Es ist möglich, für diesen unentwegten Bilderstrom Bewusstsein zu entwickeln. Man kann in der Meditation nach jenen Bildern fragen, die Sophia an die Seele herantragen möchte. Die hier gezeigten Bilder sollen Mut machen, sobald man die Neigung dazu verspürt, sich dieser inneren Arbeit zu unterziehen.

I

SICH SOPHIA ANVERTRAUEN

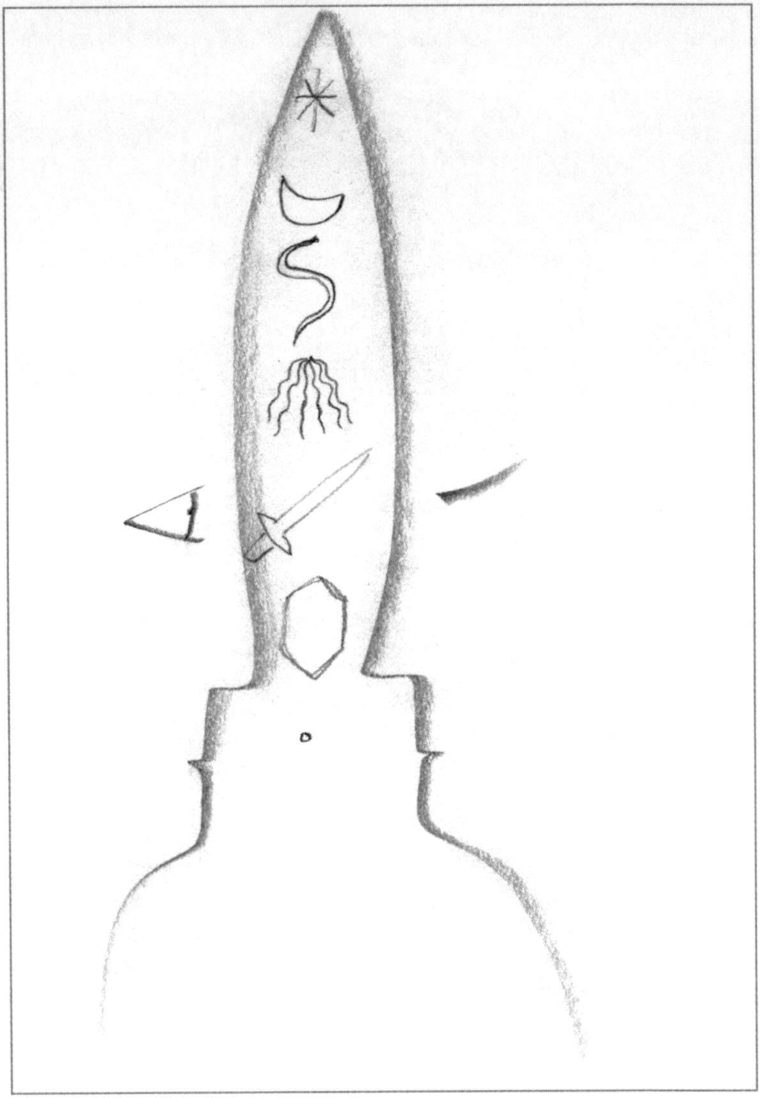

II
SOPHIA UNTERWEIST DIE SEELE

III
DER WAHRHEITSSINN

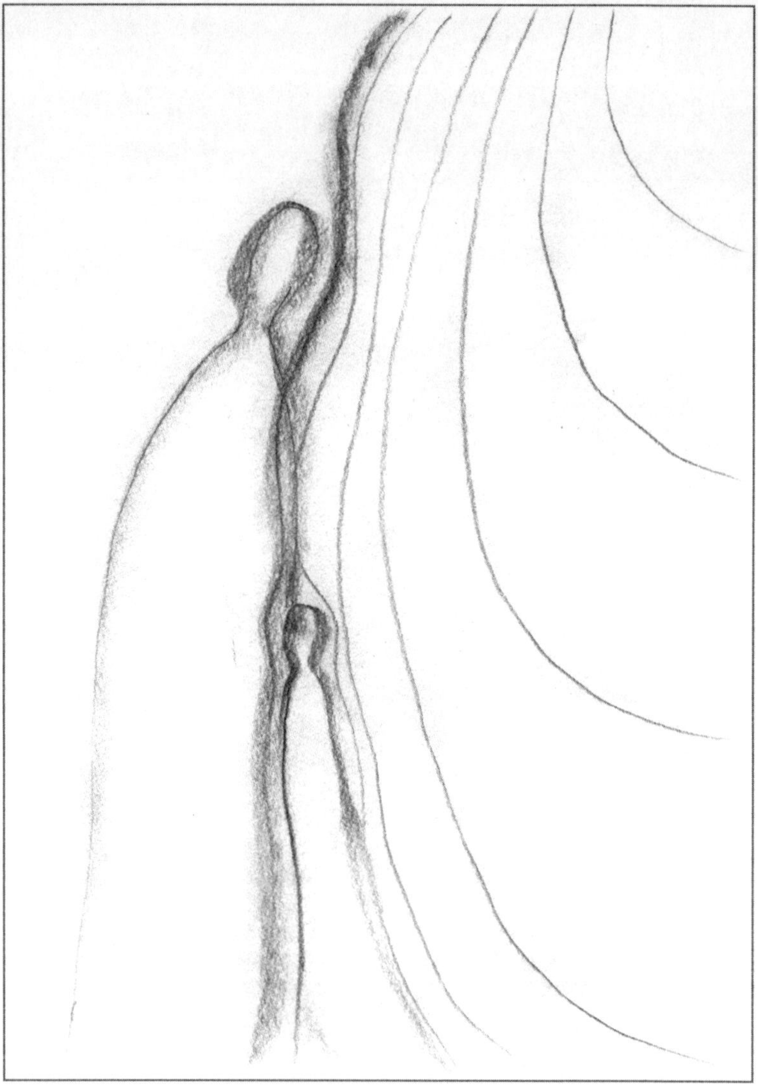

IV

SOPHIA FÜHRT DIE SEELE AN DIE SCHWELLE ZUR GEISTIGEN WELT

V

DIE SEELE STEHT VOR DEM
SONNENENGEL MICHAEL

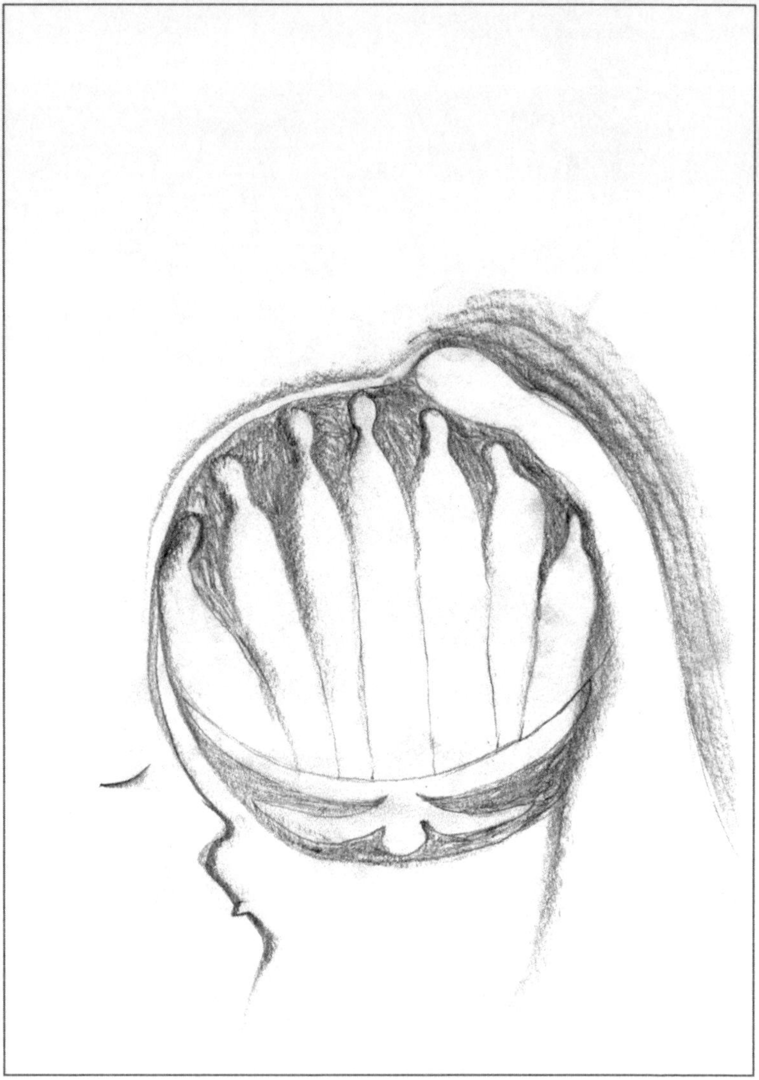

VI

DER GANZE MENSCH

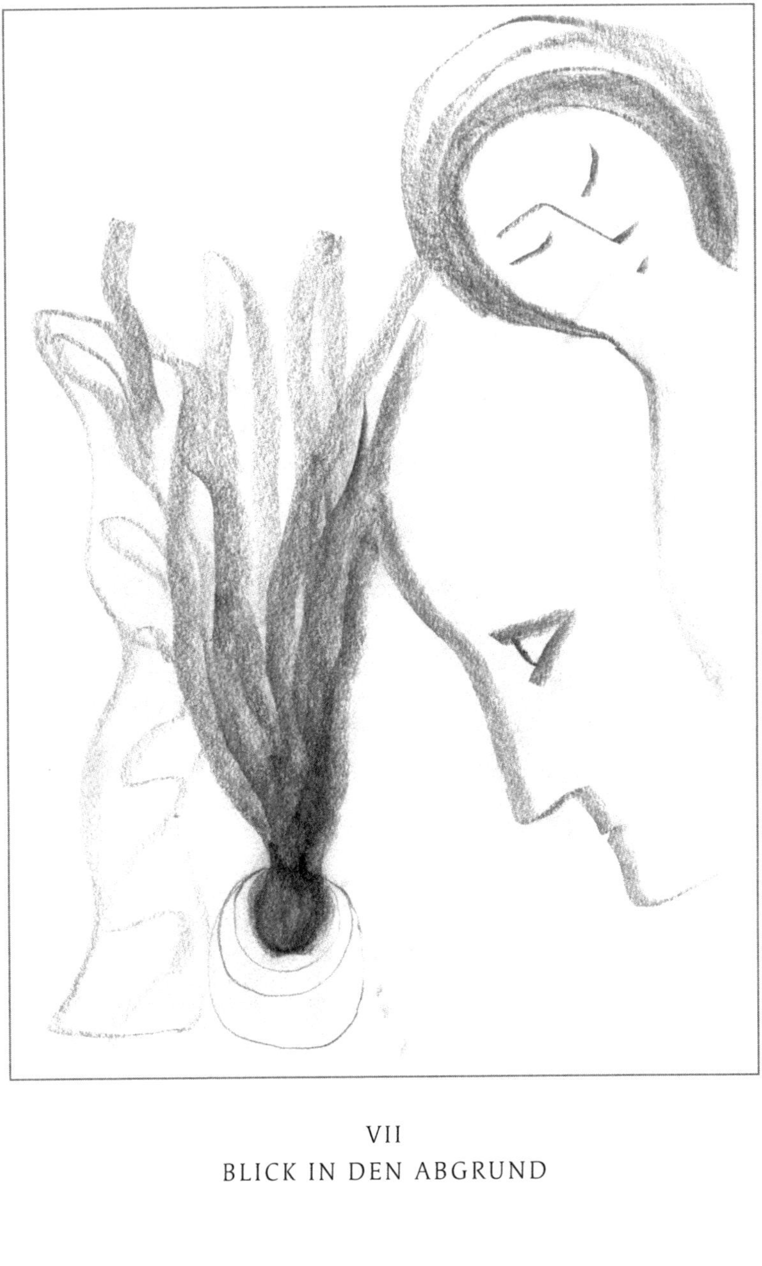

VII
BLICK IN DEN ABGRUND

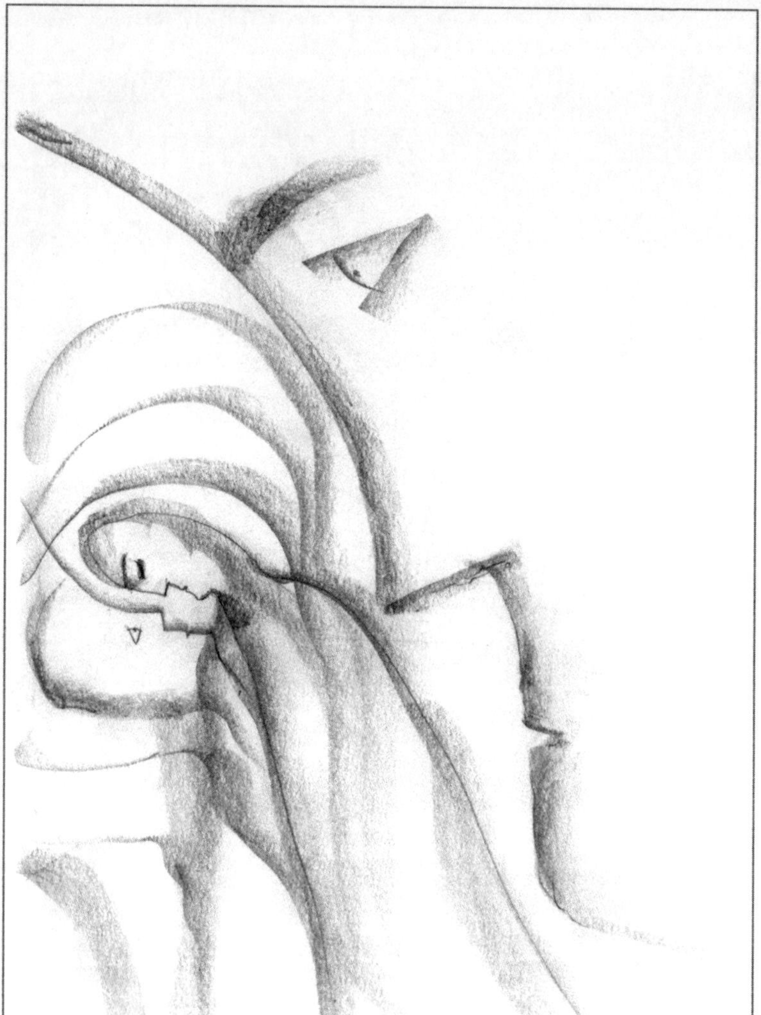

VIII
VOM ICH ZUM ICH

IX

LAUSCHEN AM ANDEREN MENSCHEN

· · · SPRÜCHE · · ·

Die folgenden Sprüche bieten Anregungen zu vielfältigem Gebrauch. Sie können laut oder leise gelesen werden. Sie können zur Einstimmung auf die Wesenheit der Sophia dienen. Einzelne Zeilen, Abschnitte oder ganze Sprüche lassen sich meditieren. Die Sprüche den Wesen der elementaren Welt vorzulesen, ist für diese uns ununterbrochen zur Seite stehenden Wesen ein willkommenes Geschenk.

Daraus, die Sprüche in der Seele zu bewegen, entwickelt sich ein tieferes Verständnis für Sophia. Tatsächlich gehen Wirkungen von ihnen aus, die die Seele klären, durchlichten und stärken. Ich habe viele Male erprobt, dass sie mir auch in schwierigen Situationen weiterhalfen. Durch sie kann sich die Seele in einer Weise angenommen und gestärkt fühlen, dass Lasten und Beklemmendes von ihr abfallen. Sie helfen der Seele zu ihrer ursprünglichen Wesensgestalt und Wesenseinheit. Sprüche, die sich an Sophia richten, und solche, die sich von ihr aus an uns richten, sind hier bunt gemischt. Aufnahme fanden ebenfalls die Sprüche, die im Buch verstreut sind.

· · · I · · ·

Weisheitsvolle
Mutter Erde
S o p h i a
meiner Seele Heilerin
Trägerin der Erde
Nährende allen Lebens
allen Seins treibende Kraft
dank dir stehe ich
in dir fühle ich
durch dich denke ich
ich bin Ich
Seelenmutter

· · · II · · ·

Sophia:

Eine
Seele
bist du
ungeteilt
aber gegliedert
weil alle Seiten des Seins
des Allseins
in dir leben
und du bist der Mensch
der noch
lernt
sich aus der Kraft
dieser Allheit
zu tragen
und mitzutragen
die lebendige Erde
und die Menschheit

· · · III · · ·

Sophia:

Schau o Mensch
mir in die Augen
ein flammender Blick erwartet dich
Flammen der Wahrheit
der Reinheit
der Heilung
derer du bedarfst
weil du sie noch nicht ganz aus dir
hervorbringst

Heilig rein und wahr
ist dein Leben
dein Wesen
dein Ich

· · · IV · · ·

Nährende Wasser
umströmen die Erde
Lichtgewalten
erheben sie zu sich

Götterworte
erschaffen das sichtbare Sein
durch die der Mensch
Zeugnis empfängt
von den Ursprüngen der Welt

Götter lauschen
den Herzworten der Menschen
die ihre Unschuld bewahrt haben
ihr Kind
und Götter das andere
das menschliche Leben lehren

Den Göttern entfällt die Erde
nur soweit die Menschen es zulassen
Sie halten sie aus Kräften ihrer Herzen

Von den Göttern
und im Menschenlicht
lebt die Erde

· · · V · · ·

Lebensmutter
Sternenmutter
Menschenmutter Sophia
Göttin der inneren
und äußeren Welten
Göttin des unverletzten Menschen

Hüterin der Erde
in der sich die Wesen der Tiere erneuern
wiedergeboren werden aus ihren Keimen die Pflanzen
die Naturgeister Zusammenklang und Geborgenheit erfahren

Erfülle meine Seele
in dir ist sie gehütet vor ihrer Geburt
in dich geht sie ein nach ihrem Tod
mir ist sie anvertraut während des Erdenlebens
als eine Gabe
an mein Wesen
lebt meine Seele in dir
aus dir
mit dir

· · · VI · · ·

Sophia:

Schau
o Mensch
das reine Licht
deines lebendigen Herzens
das jenseits aller Verhaftungen leuchtet
und in seinem kosmischen ursprünglichen Wesen erstrahlt
Dunkelheit nicht scheut
sich mit ihr mischt
ohne darin aufzugehen

Es ist
das Ewige
Unverletzte
Göttliche
der Menschennatur
und trägt sie
durch Raum und Zeit

· · · VII · · ·

Sophia:

Im Irdischen ist alle Hoffnung
in den wundersamen Wandlungen
die allezeit vor euren Sinnen geschehen
sie beleben die Erde
und beleben euch
und euren inneren Sinn
in ihnen ist was ihr sucht
die Geheimnisse des Lebens
auf denen alles Dasein beruht

Das ist meine Botschaft
nachzuerleben die Wandlungen des Seins
wie sie sich jeden Moment ereignen
mit vollem Herzen
um dem Gewicht zu verleihen
was wahrhaft geschieht
im Lebensschicksalsstrom der Erde

· · · VIII · · ·

Sophia:

Ich bin
das Kleid
des LOGOS
in mir ist sein leuchtendes Leben
durch mich spricht es
mit mir wandelt es sich
in die Welt der Erscheinungen

Der LOGOS erscheint
durch mich
er spricht zu euch
im Licht der Götter
erfüllt die Seele
mit den Worten
Namen und Zeichen
eures inneren Seins

· · · IX · · ·

O Michael
anrufe ich dich
Sonnenwesen
Seelenerleuchter
Wesenskraft schenkender
Gott
sei mir nahe
dein Saum umfange mich
dein Licht durchdringe mich
dein Sinn erhebe mich
dein Name durchklinge
Seele Ich und Leib

Du bist uns gesandt
aus Welten die auch unsere sind
vereine mich mit meiner Kraft
meinem Wesen
meinem Selbst
damit die Schritte auf Erden
meine wahren werden
mit denen sich erfüllt
was aufgetragen mir
was gewählt von mir
und aus zurückliegenden Zeiten
Zukunft erfüllen möchte

· · · X · · ·

Sophia
verzeih
mein unhöfliches Drängen
meine unüberlegten Fragen
meine Dumpfheit
mein Zurückschrecken
meinen Unglauben
meinen Mangel an Vertrauen

Ich werde an ihnen lernen
mich dir würdig zu erweisen
Einende
Versöhnende
Zukünftige
Erdenträgerin
Seelenkönigin
Weisheitsmutter

Vor dich lege ich hin
mein vollkommenes Wesen
Anteil hast du an ihm

Segnende empfange meinen Segen
Glückselige empfange mein Glück
Lichtvolle empfange mein Licht

· · · XI · · ·

Die Wesen der elementaren Welt:

Göttin des höchsten Seins
S O P H I A
ruhend in dir
erfüllt uns alle Kraft
derer wir bedürfen
unsere Werke auszuführen
Aus deinen goldenen lichten Mänteln
gehen wir hervor
geht das Erdendasein hervor

Erdengöttin
Göttin des höchsten Sinns
nach dir richten wir uns
die heilige Ordnung
fällt uns zu von dir
erfüllt uns
lässt uns nicht schwanken noch wanken
auch in den Stürmen
die derzeit über die Erde rauschen

Heilige Göttin
unser Wohlklang
steige empor zu dir.

· · · XII · · ·

Die Wesen der elementaren Welt:

Er lebt
unter uns
in der Erde
in der Luft
im Wasser
in der Wärme
als das Wesen
des hohen Lichtes
und der Erdentiefen
zu heiligen
alles Unheilige
zu heilen
alles Kranke
zu trösten
alles Verbitterte

Mensch o höre
das Rauschen
Plätschern
Knacken
und Prasseln
der Elemente
empfinde und schaue
das Leben
der hohen
und niederen Geister

dann kannst du
ihn fühlen
hören
sehen
wie wir ihn
sehen
hören
fühlen

· · · XIII · · ·

Die Wesen der elementaren Welt:

An der ZEIT ist es
allemal
sich zu erheben o Mensch
deiner hohen Kräfte gewahr zu werden
mit denen du wandeln kannst

Kein Moment ist zu unbedeutend
dass du nicht
das heilige Leben deiner Seele
dazutun könntest

Solange du nicht segnest
fehlt der Erde
ihr Tiefstes
segne
o Mensch

· · · XIV · · ·

Sophia
anrufe ich dich
Hüterin des hohen Lebens der Seele
Schutz finde ich bei dir
im Zukunftslicht des Seins
umwirbst du mich
wie ich dich umwerbe

Aufsteht in mir dein Licht
und steigt hinab
als der Segen meines Herzens
erheben wollend
was gefallen
dunkel
erniedrigt ist
um sich dem reinen kosmischen Sein
anzuvertrauen
mit ihm vermählt zu werden
und vereinigt zu sein

· · · DANK · · ·

Mein Dank gilt allen, die an diesem Buch mitgeholfen haben. An erster Stelle steht Cornelia Massei, die unermüdlich über Monate mit dem Manuskript gerungen hat. Unzählige Abende saßen wir über den Blättern, lasen, tauschten uns aus, korrigierten und widmeten uns den Meditationen. Für mich war diese Zusammenarbeit ein unbeschreibliches Glück. Ihr verdankt das Buch die Form, in der es jetzt vorliegt. Britta Bäcker war ebenfalls von Beginn an in die Entstehung des Buches eingeweiht. Sie hat viele Fassungen gelesen. Von ihr stammen wertvolle Hinweise. Wichtige Unterstützung erfuhr ich von Anthea Bischof, die sich mit großer Hingabe der Erforschung der Sophiawesenheit widmet. Danken möchte ich meinem Freund Franz Danz, mit dem ich viele Gespräche über das Manuskript führen konnte. Claudia Zangger und Jonathan Stauffer vom Futurum Verlag und meinem Lektor möchte ich meinen Dank aussprechen, die sich dem Text liebevoll und fachkundig angenommen und ihn in ein Buch verwandelt haben.

Besonderer Dank gilt meinen Kindern Laura, Elena und Tobias Massei, die auf ihre Weise den Weg des Buches mitgegangen sind. Andere Menschen waren beteiligt, die vielleicht gar nicht darum wissen. Viele Freundinnen und Freunde, Pflegende, Ärztinnen und Ärzte sind mir in der Zeit der schmerzhaften Wandlung beigestanden, ohne die dieses Buch nie zustande gekommen wäre. Ihnen danke ich aus tiefstem Herzen und umarme sie herzlich. Sie haben zu diesem Buch gewollt oder ungewollt beigetragen – allen, die mich mitfühlend und tatkräftig durch diese schwere Zeit begleitet haben, sei es gewidmet.